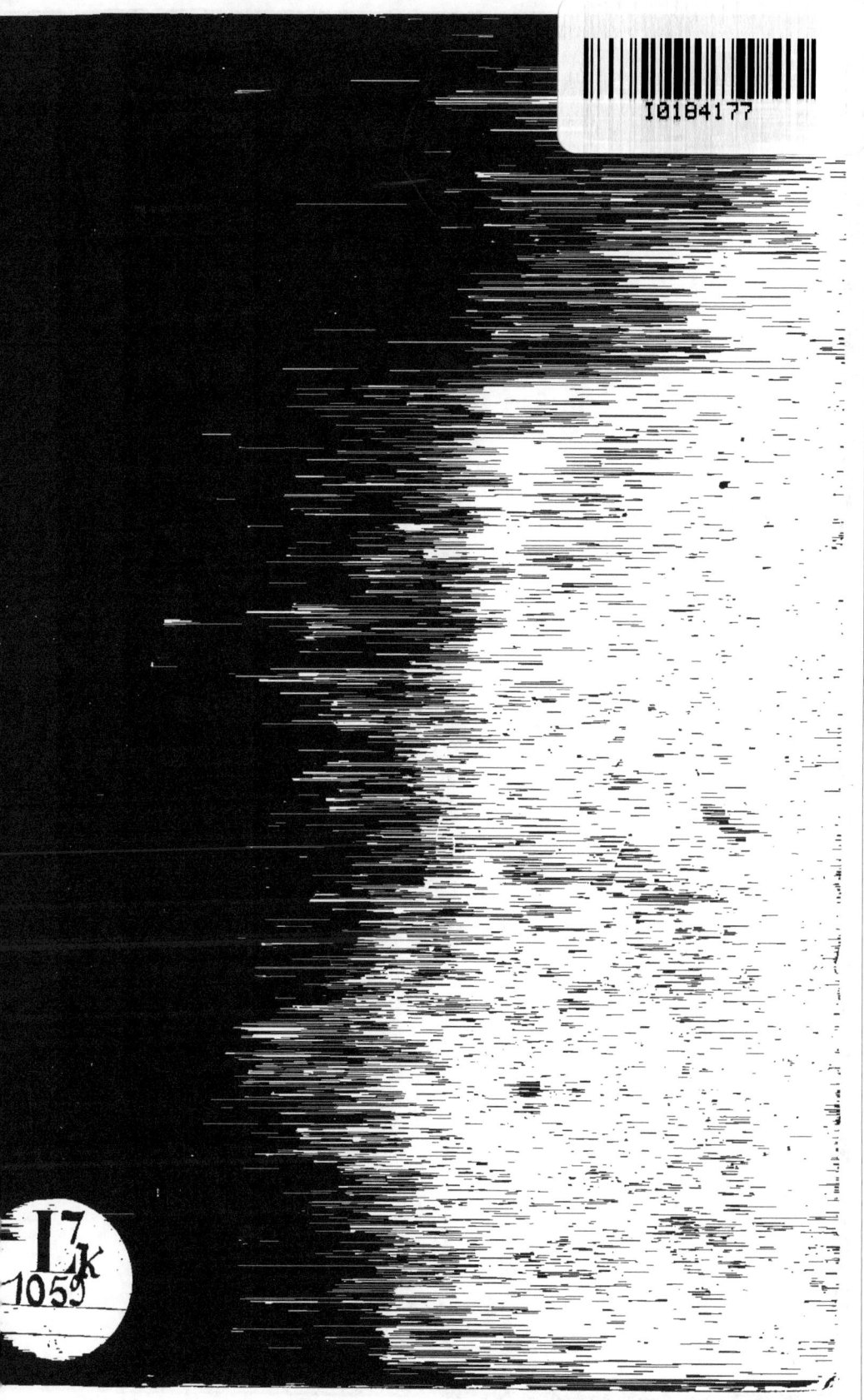

Lk⁷ 1059

NOTICE HISTORIQUE

SUR L'ANCIENNE ABBAYE

DE NOTRE-DAME

DE BONNEVAL

(AVEYRON).

Par M. Bousquet,

CHANOINE HONORAIRE, CURÉ DE BUSEINS.

ESPALION,

Imprimerie de Mme veuve Goninfaure, née Arthaud.

1850.
1851

NOTRE-DAME DE BONNEVAL

(Aveyron)[1].

Sur le sommet d'une colline très-escarpée et d'un accès difficile, les barons de Calmont-d'Olt avaient fait bâtir un château fort qui dominait la ville d'Espalion, et que sa position rendait presque imprenable. En le voyant, le cardinal de Richelieu promit de le faire raser, de peur qu'il ne servît de boulevart aux religionnaires, s'ils parvenaient à s'en rendre maîtres (2).

Le destructeur impitoyable de la féodalité et l'ennemi juré des Calvinistes a-t-il tenu parole ? L'histoire ne le dit pas ; mais, dans tous les cas, une main non moins puissante et non moins infatigable que la sienne, la main du temps, a

---

(1) Toutes les églises et abbayes de Cîteaux portaient le nom de l'auguste reine des cieux et lui étaient dédiées. (Histoire de l'église Gallicane.)

(2) Richelieu passa par Espalion en 1629.

laissé des traces de son passage sur le château de Calmont; et aujourd'hui, il n'en reste plus que des murailles délabrées, des bastions qui tombent en ruines.

Or, un membre de la famille des Calmont, Guillaume, fils de Bégon, 1er de nom, chevalier, et de Florencie, devint évêque de Cahors en 1143. A la mort de son frère aîné, bien qu'il eût laissé des pupilles, il recueillit son vaste héritage. De temps à autre, il allait visiter le manoir paternel, et pendant le séjour qu'il y faisait, la promenade était son unique délassement. Un jour, comme il revenait d'une de ses métairies, sise au-delà du Lot, son cheval s'abattit en traversant la rivière, et l'évêque courut le danger de se noyer. La nuit suivante, il vit en songe une procession de moines et d'abbés qui montaient au ciel, et il entendit une voix qui chantait ce verset du Psalmiste : *Hæc est generatio quærentium Dominum, quærentium faciem Dei Jacob.* Enchanté de ce spectacle, il cherchait le moyen d'entrer en société avec eux, lorsque St Jean-Baptiste, patron de la famille de Calmont, lui apparut et lui dit : « Guillaume, si tu veux être du nombre de ces bienheureux, construis-leur un monastère; car le Seigneur n'a permis ta chute dans le Lot que pour t'engager à fuir les dangers du monde. »

A son réveil, l'évêque de Cahors fait appeler son archidiacre, lui raconte ce qu'il a vu et entendu, et lui ordonne de partir pour l'abbaye de Mazan, diocèse de Viviers, afin de demander à l'abbé des religieux de son ordre. L'archidiacre part; il arrive à Mazan, expose les vœux de l'évêque, et sept moines, sous la conduite d'Adhémar, leur prieur, parviennent, en 1147, après de longues fatigues, au château de Calmont. Guillaume les reçut avec une joie indicible et les conduisit lui-même à la métairie de Pussac. Dans quelque temps, le nombre des moines s'étant accru, ils jetèrent les fondemens d'un monastère et d'une belle église dans un de ces profonds et étroits ravins qui sillonnent le versant méridional de la chaîne d'Aubrac. Celui-ci, appelé dans les chartes la vallée de BORALDE, *in valle Boraldensi*, offre l'aspect le plus sauvage. Quelques rochers grisâtres, saillans çà et là, interrompent seuls l'uniformité des bois qui tapissent ses flancs. Au fond, se précipite la BORALDE, ruisseau torrentueux qui va dégorger dans le Lot un peu au-dessus d'Espalion. On ne pouvait choisir une solitude plus profonde ; mais ce choix ne venait pas de l'homme. De tout temps, lorsqu'il s'est agi de fonder un monastère, c'est pour ainsi dire le doigt de Dieu qui en a indiqué la place. En donnant la préférence à la vallée de

Boralde, on obéit donc à une inspiration venue d'en haut. Mais il fallut un nom au nouveau monastère : le moine cistercien l'eut bientôt trouvé : *Bona vallis* ! Bonneval !

Témoin des merveilles opérées dans ce lieu, l'évêque de Cahors se démit de son siége pour se faire *pauvre moine* à Bonneval. Peu de temps après, il y mourut en odeur de sainteté, et ses frères inhumèrent sa dépouille mortelle au milieu du presbytère de leur église, seule partie de l'édifice sacré qui fut terminée (1).

BIENFAITEURS DE BONNEVAL.

Évêques de Rodez.

En envoyant son archidiacre à Mazan, l'évêque de Cahors avait obtenu l'agrément de Pierre, évêque de Rodez, et, entre ses mains, il avait fait don au futur monastère de deux métairies du nom de Pussac et de Veyrugues. Il était mort lorsque Bonneval, après quatorze ans d'une pénible enfance, put être érigé en abbaye. Ce fut alors que l'évêque susdit de Rodez dressa l'acte de *fondation* de ce monastère, devenu plus tard si célèbre. Il le dota des dîmes de l'église de Crébassas, et, du consentement des clercs de sa cathédrale, il lui fit don des hameaux de la

(1) Archives de Bonneval.

Ticule et de Lacombe ; mais comme ils avaient été engagés à divers particuliers, les moines de Bonneval eurent à leur rembourser d'assez fortes sommes. Sans doute les offrandes leur vinrent en aide : l'œuvre était si belle que le pauvre même, pour y participer, se hâtait de porter son obole !

L'acte de fondation fut envoyé, en 1161, au Pape Alexandre III. Il y répondit l'année suivante en prenant, par une bulle, Bonneval sous sa protection, et en l'érigeant en abbaye.

Hugues, fils de Hugues Ier, comte de Rodez, et d'Ermengarde de Creissels, et frère de Hugues II, succéda à l'évêque Pierre, et, comme lui, il fut plein d'affection pour l'abbaye de Bonneval. Il lui donna, en 1165, la terre et la grange de Séveyrac, dans le mandement de Bozouls, et six villages dans le mandement d'Entraygues ; en 1168, la grange et les terres de Galinières, Grèses, Versièges et sept villages environnans ; en 1169, le domaine de la Vayssière ; en 1196, l'église de Curières, se réservant sur elle une rente annuelle de vingt sols, dont le tiers devait revenir à l'archidiacre de la cathédrale, et une livre d'encens blanc, qui devait être annuellement payée à l'autel de Notre-Dame ; en 1210, l'église de Soulages. Enfin, il unit à la mense abbatiale de Bonneval les prieurés de St-Remy-Bédène et de Pierrefiche. Cette dernière église avait été donnée, en 1181, à Bonneval, par Guy II de Sévérac.

Cette union fut confirmée, en 1258, par Vivian, et en 1495, par Bertrand de Polinhac, évêques de Rodez. Leurs successeurs rivalisèrent aussi de zèle pour combler de leurs bienfaits Bonneval, et de toutes les abbayes du Rouergue, ce fut celle qu'ils affectionnèrent le plus.

Comtes de Rodez.

Parmi les Comtes de Rodez, plusieurs se distinguèrent par leur générosité envers Bonneval. Hugues II lui fit don des villages d'Abadils, de Crostindou, des Somiers, et l'exempta du *commun de paix*, du droit de péage en toutes ses terres et du droit de leude, impôt qui pesait sur le bois, le sel, l'huile, les bestiaux, etc., mis en vente. Enfin, par son testament, il lui donna son corps en sépulture.

Le Comte Hugues IV, et sa mère, Algayette de Scoraille, étant au château de Bozouls, en 1157, lui concédèrent plusieurs rentes pour le cierge du presbytère.

Dans l'ordre de Cîteaux, il est d'usage, quand le prêtre célèbre les saints mystères, de faire brûler, outre les deux cierges qui sont sur le tombeau de l'autel, un troisième cierge dont le support est fiché, du côté de l'épître, au mur joignant l'abside au presbytère. On l'allume à l'offertoire, et on l'éteint après la communion.

Le même Comte, par son testament, daté de 1271, légua à Bonneval trois cents sols pour la *pitance* des moines et y fonda une chapelle.

Henri II, son fils et son successeur, permit aux moines de Bonneval d'acquérir en ses terres jusqu'à 500 sols de rente. Il fit, avec l'abbé de ce monastère, un accord au sujet de la justice à exercer à la Veyssière et à Séveyrac; et, en 1299, il assigna certaines rentes situées au village de Bessades, alors de la paroisse de Cabrespines, pour l'entretien de la lampe qui devait brûler, nuit et jour, dans la chapelle fondée par son père dans l'église de Bonneval. Enfin, par son testament daté de 1301, il demanda d'être enterré à Bonneval dans le tombeau de son père, et légua aux religieux un revenu annuel de dix livres, pour faire un repas le jour anniversaire de sa mort, à la charge par eux de célébrer, ce jour-là, un service funèbre pour le repos de son âme.

Mort en 1304, Henri II fut enterré à Bonneval, avec une royale magnificence. « C'est de ce » comte, dit l'auteur de l'abrégé historique des » Comtes de Rodez (1), et non du connétable

(1) Publié à Rodez en 1682.

» d'Armagnac, qui ne fut jamais enseveli dans
» cette abbaye, que se doit entendre cette ins-
» cription qui se lit encore dans le cloître, par
» laquelle on voit qu'à sa sépulture furent présens
» neuf cents prêtres, et l'église entourée de cent-
» quarante draps d'or ou de soie, et onze cent deux
» torches allumées. » On voyait, en effet, dans le cloître de Bonneval (1) une niche, au-dedans de laquelle était un magnifique mausolée décoré de plusieurs statues, qui passait pour être celui du connétable d'Armagnac, mais qui avait été réellement érigé pour le comte Henri II. L'inscription placée à côté du mausolée était ainsi conçue :

« *Anno ab incarnatione Dom. M.CCCC.XVIII.*
» *die XIV septembris, in hoc tumulo conditum*
» *est corpus ill. et potentissimi principis Ber-*
» *nardi, comitis Armaniaci, Ruthenæ et stabulii*
» *franciæ exequiis interfuerunt DCCCC præsbi-*
» *teri; et fuit ecclesia hujus monasterii Bonæ-*
» *vallis CXL pannis cincta aureis vel sericis*
» *MCII, ardentibus facibus illustrata.* »

On peut, néanmoins, croire que le corps du

(1) Les premiers religieux de Citeaux étaient si scrupuleux, qu'ils n'osaient point enterrer des séculiers dans l'église, et ce fut pour cette raison que les tombeaux des comtes de Rodez, des seigneurs de Calmont et autres furent placés dans le cloître de Bonneval. Quelques siècles après la fondation de l'Ordre, on n'eut plus le même scrupule, et les séculiers furent inhumés dans l'église.

connétable d'Armagnac fut rapporté de Paris après le drame sanglant qui lui coûta la vie, et inhumé dans le tombeau du comte Henri II. D'ailleurs, par son testament, il avait demandé d'être enterré dans l'église de Bonneval ou dans la métropole d'Auch, suivant qu'il mourrait plus près de l'une ou de l'autre de ces églises, dont il avait été le bienfaiteur. A l'exemple de son père, Jean IV, comte d'Armagnac et de Rodez, exempta du guet, en 1437, les paysans de la Roquette et de Laguiole, dépendant de Bonneval.

Seigneurs du pays.

Les Seigneurs du comté de Rodez ne furent pas moins généreux envers Bonneval que ne l'avaient été envers Salvanès, Beau-Lieu et Loc-Dieu, les seigneurs de la Haute et Basse-Marche du Rouergue.

Bégon et Elléo de Calmont confirmèrent la donation de Pussac et Veyrugues à Bonneval. Bégon lui donna encore l'exemption de péage, de leude par toute sa terre, le droit de pêche, et tout ce qui lui appartenait à Masses; et, en 1169, les hameaux du Mas-Bibal et de Vilaret (1). Guillaume

(1) L'acte de cette donation portait les sceaux d'Hugues, évêque de Rodez, de Bégon de Calmont et de Hugues II, comte de Rodez.

de Calmont, vivant sous Louis VII, en 1226, lui fit don de Masses et de Pussac. La charte de cette donation, qui ne porte pas de date, résume admirablement l'esprit de l'époque : « Eu Guillau-
» més de Calmont donné Massos et Pussac ols
» mountgès de Bounoval per mé rocheta de mes
» malosfaches, otal ou maou proutmès et me so
» signat de moun seing ordinari, Guillaume de
» Calmont (1). »

Déjà Laure -- probablement de Calmont -- abbesse de Cubido -- Coubisou ? -- avait donné à l'abbé de Bonneval tout ce qu'elle possédait à Masse, champs, vignes, décimes, le bois excepté, moyennant une rente annuelle de trois sétiers froment et un muid de vin.

On voyait dans une chapelle du cloître, dédiée à S. Jean-Baptiste, le tombeau de cette famille, et on y célébrait annuellement quatre anniversaires fondés par les Seigneurs de Calmont.

Le premier représentait le prélat revêtu de ses habits pontificaux, avec crosse et mitre, exergue : *Sigillum Hugonis, episcopi Ruthenensis.* Au revers, la sainte Vierge. Le second, d'un côté un homme à cheval, exergue : *Sigillum Begonis de Calmonte.* Au revers, un homme pareillement à cheval, portant sur la main gauche un épervier. Le troisième, un aigle, tout au tour : *Sigillum Hugonis comitis Ruthenensis.*

(1) Cet acte est plutôt une confirmation qu'une donation. Bégon de Calmont, après avoir confirmé la donation de Pussac et de Veyrugues, faite par son oncle à Bonneval, lui donna ces deux métairies, par un acte postérieur.

Parmi les autres bienfaiteurs, on trouve, dans le XIIe siècle, les noms de Guillaume de la Barrière, qui donne certaines terres attenantes au domaine de La Vayssière; de Bertrand, comte, fils de Béatrix, comtesse de Melgueil; de Gui II et de Gui III de Sévérac; de Bernard d'Anduze, qui fait don de treize villages; de Claude de Blanquefort, de Pons et Guillaume Bocafer; de Guibert de Peyre, qui donne le hameau de Combret; d'Audebert et Maurin de Montpeyroux, et d'Ildrius de Miremont.

Dans le XIIIe siècle, Amblard de La Vayssière, Pons de Castelnau, Hugues de Malaval, Raymond de La Roque, Daude et Aldebert d'Estaing, Déodat de Canilhac, Pétronille et Guibert de Pierrefort, Gilbert de Cruéjouls, Guillaume d'Estaing et Pierre de Curlande contribuent à la dotation de Bonneval.

Dans le XIVe siècle, Roger et Gérard d'Armagnac, vicomtes de Fézenzac, Austorg d'Aurilhac (1), Rostang de Bessuéjouls, Hélips, veuve de Rostang, Bernard de Bénavent, Aldebert de Bénavent, Béranger de Balaguier, Gui et Ray-

---

(1) Il avait épousé Alixent, fille de Bégon IV de Calmont. Après la mort d'Austorg, Alixent se remaria, le premier septembre 1292, avec Raymond de Pelet, chevalier, co-seigneur d'Alais, etc. Alixent fut enterrée à Bonneval. Après sa mort, la baronnie de Calmont passa dans la famille de Maffre de Castelnau, de Bretenous, qui avait épousé Alisie de Calmont, sœur d'Alixent.

mond d'Estaing, Bégon de Mommaton, Amalric de Narbonne, Pierre de Pelet, seigneur d'Alais, et son fils Raymond, baron de Calmont; Hugues de Castelnau, seigneur de Bretenous et de Calmont, et autres seigneurs de la province, font de nombreuses donations à Bonneval.

Les templiers d'Espalion, les abbés de Conques, Olric et Izarn, apportèrent aussi leur offrande. Etienne de Brioude, évêque de Mende, cède à Bonneval l'église et les terres de Bonalberg. Bernard d'Orador lui donne un repas par an, en pain et fromage, pour seize hommes; plus, huit agots et quatre poules et demie.

Cette multitude de donations comprend tantôt les aleux ou terres franches (*alodium*), ce qui rendait les moines propriétaires du fonds; tantôt des fiefs (*feudum*), des rentes féodales (*census*), les dîmes (*decumæ*), ce qui les rendait Seigneurs et bénéficiers.

Pour connaître les devoirs imposés aux moines de Bonneval, sous le régime de la féodalité, on doit lire les *Etudes historiques sur l'ancienne abbaye de Bonnecombe*, par M. H. de Barrau.

Chapellenies.

Aux XIVe et XVe siècles, les Seigneurs se mirent à fonder des chapelles, comme dans le XIIe

et dans le XIIIe ils avaient fondé des monastères. Bonneval eut encore à recueillir cet héritage de la piété de nos ancêtres. Je regrette de n'avoir pu découvrir tous les titres des fondations qui furent faites en faveur de Bonneval.

Hugues de Solanet de Buzeins fonde, en 1338, dans la chapelle du château de Galinières, celle de S. Blaise, et la dote de plusieurs rentes. Un de ses oncles, Bernard de Solanet, avait donné, en 1269, tous ses biens à Bonneval.

Aldebert, baron de Bénavent, fonde et dote, en 1351, dans l'église de Bonneval, la chapelle de Ste Magdeleine.

Noble François de Solatges, seigneur de Tholet, fonde, en 1400, celle de S. Paul.

Astorg de Gaillac fonde, en 1409, celle de saint André. Elle fut richement dotée, en 1427, par Guyon de Montpeyroux. A sa mort, il fut enterré sur le devant de cette chapelle.

N. P. de Laguiole fonde, en 1410, les chapelles de S. Pierre et de S. Etienne, et les dote des terres qu'il avait au village des Carels, paroisse de Saint-Geniez.

La chapelle de tous les Saints eut pour fondateur, en 1421, Jean IV, comte d'Armagnac et de Rodez; celle de Notre-Dame-de-Pitié, noble François Armand de Solatges, moine de Bonneval, qui la dota en 1474.

Celle des onze mille Vierges et Martyres fut fondée et dotée, en 1475, par dom Pierre Floyrac, religieux de Bonneval.

Dom Bégon d'Entraygues, moine, fonda, en 1548, la chapelle de Ste Anne, et Pierre Mazars, prieur de Brousse, dota, en 1567, celle de saint Pierre.

Toutes étaient desservies, dans l'église de Bonneval, par le religieux qui en avait été pourvu par les patrons; mais les revenus rentraient dans la mense commune.

Des diverses donations ou fondations faites en faveur de Bonneval depuis sa fondation, il en résulta les biens-fonds ou revenus ci-après. Il est vrai de dire que les abbés de ce monastère firent aussi des acquisitions en biens-fonds ou en rentes. Et puis, on ne doit pas perdre de vue que les terres données étaient incultes, et que ce furent les travaux des premiers moines qui donnèrent, en les défrichant, une valeur réelle aux terres de Galinières, de Séveyrac, La Vayssière, Pussac et autres.

Bulles des Papes.

Vingt-sept bulles émanées du St-Siège prouvent l'intérêt que les souverains Pontifes portaient à l'abbaye de Bonneval. Elles forment comme un abrégé de son histoire. En voici le texte :

1° Alexandre III, par une Bulle datée de l'an 3me de son pontificat, 1162, met sous sa protection et sous celle du St-Siège les religieux et les biens de Bonneval, érige le monastère en abbaye, et lui accorde plusieurs priviléges.

2° Luce III, par une Bulle de l'an 1183, prend sous sa protection et sous celle du St-Siège les biens de Bonneval, spécialement la grange de Galinières, et exempte de toutes dîmes et prémices les terres que les religieux travailleront de leurs mains ou feront travailler.

3° Le même pape, par autre Bulle de l'an susdit, confirme la précédente, et donne aux religieux de Bonneval plein pouvoir d'excommunier les laïques qui tenteraient de les vexer, en quelque manière, dans l'exercice de leurs priviléges ; de suspendre et d'excommunier les chanoines, clercs ou moines qui voudraient les troubler dans cette jouissance.

Pour être absous de cette excommunication ou relevé de cette censure, il fallait un certificat de l'évêque diocésain constatant le repentir du coupable.

4° Le même pape, par une Bulle du 3 des ides de novembre 1185, accorde aux religieux de Bonneval, entr'autres priviléges, l'exemption du paiement des dîmes, et permet à l'abbé de bénir les novices dans le cas où l'évêque diocésain s'y refuserait.

5° Innocent III, par une Bulle des calendes de décembre 1200, confirme à l'abbé et aux religieux de Bonneval la donation faite par Hugues, évêque de Rodez, de certains décimes à prélever sur quelques hameaux avoisinant leur couvent.

6° Innocent IV, en 1245, confirme les donations et priviléges accordés aux religieux de Bonneval par les papes ses prédécesseurs et par les rois de France.

7° Dans la même année, il ordonne à l'archevêque de Bourges, métropolitain de Rodez; aux abbés, prieurs, doyens, archi-diacres, et autres prélats de la province, de forcer ceux qui ont envahi les biens de Bonneval, ou exigé les décimes de leurs terres, à les rendre, sous peine d'excommunication, s'ils sont laïques, et de suspense, s'ils sont clercs.

8° En 1248, il accorde à l'abbé et aux religieux de Bonneval la faculté de ne pouvoir être obligés à pourvoir de pensions ou de bénéfices les clercs et autres prélats.

9° Dans la même année, il les exempte du droit de péage pour les vins, les blés, laines et autres choses à acheter pour leur usage.

10° Enfin, par une troisième Bulle, datée de l'an susdit, il donne pouvoir à l'archidiacre de Rodez de décider le procès qui était entre l'abbé de Bonneval et le prieur de Saint-Martin de Lagarac, au sujet de la diminution des terres et possessions dudit abbé.

11° Clément IV, en 1267, ordonne à l'abbé de Nant de défendre l'abbé et les religieux de Bonneval des oppressions dont ils étaient les victimes, à cause des priviléges à eux accordés par le Saint-Siége.

12° Dans la même année, il nomme pour conservateur de l'abbaye de Bonneval les évêques de Maguelonne et du Puy.

13° Grégoire X, en 1271, donne commission au prieur de Saint-Flour, diocèse de Clermont, de révoquer les aliénations illicites faites par l'abbé et les religieux de Bonneval.

14° Par une autre Bulle des ides de septembre an susdit, il commet le prieur de Prades-d'Aubrac pour informer sur l'usurpation de plusieurs terres de l'abbaye de Bonneval, faite par des curés, des prêtres et des seigneurs de la province.

15° Et, par une autre Bulle de 1274, ayant égard aux vexations faites par plusieurs personnes à l'ermite d'Aurenque, et à l'offre de l'abbé de Bonneval, de lui céder un endroit propre à se bâtir un autre ermitage avec un revenu égal à celui d'Aurenque, il accepte les offres de l'abbé de Bonneval.

16° Boniface VIII, en 1292, donne commision à l'abbé de Nant d'empêcher les vexations qu'éprouvent l'abbé et les religieux de Bonneval, et d'y procéder par les censures ecclésiastiques.

17° Jean XXII, en 1319, donne commission au prévôt de Mirepoix de fixer un terme aux détenteurs des dîmes et autres biens de Bonneval, et si, passé ce terme, ils n'ont pas restitué, de les y forcer par l'excommunication.

18° Martin V, le 12 des calendes d'avril 1324, accorde à l'abbé de Bonneval et à ses successeurs la faculté de porter la mître et l'anneau, de donner la bénédiction dans les prieurés, églises et monastères dépendant de l'abbaye, à la fin de la messe, vêpres et matines, à moins qu'un évêque ou légat du St-Siège soit présent.

19° Eugène IV, par une Bulle adressée à l'official de Mende, déclare, en 1431, que l'abbé et les religieux de Bonneval sont exempts de la juridiction de l'évêque de Rodez.

20° Urbain VIII, le 7 des calendes de juin 1626, donne commission aux évêques et officiaux de Rodez, de Mende et de Saint-Flour, de faire restituer aux religieux de Bonneval les croix, calices, vases d'argent et autres ornemens, papiers et provisions qui leur ont été enlevés.

Les Bulles de Martin IV, en 1282; de Nicolas IV, en 1288; de Boniface VIII, en 1292; de Benoît XI, en 1303; de Jean XXII, en 1333, et deux de Martin V, en 1424, ont pour objet de faire révoquer les aliénations illicites, comme celle de Grégoire X, en 1271, n° 13.

Lettres de Sauvegarde.

Les comtes du Rouergue, les comtes de Rodez et les rois de France prirent aussi l'abbaye de Bonneval sous leur protection, par des lettres de sauvegarde qu'ils lui accordèrent. On en trouve d'Alphonse, comte de Toulouse et du Rouergue; de Philippe-le Bel; de Guibert de Pierrefort, sénéchal du Rouergue, agissant au nom de ce monarque; de Philippe de Valois; de Jean Ier, de Bernard, de Jean IV, comtes d'Armagnac et de Rodez, et du roi Charles VIII.

Comblée de faveurs spirituelles et temporelles, l'abbaye de Bonneval ne pouvait couler que des jours heureux et tranquilles : mais le bonheur n'est pas de ce monde; aussi eut-elle sa part de toutes les calamités qui fondirent, à diverses époques, sur le Rouergue !

Au XIVe siècle, afin de ne pas subir le joug des Anglais, les religieux fournirent, pour la *guerre de Saint-Antonin*, une subvention de 67 écus d'or; et cependant, comme tous les Rouergats, ils eurent à gémir sous une domination étrangère. En 1376, les Routiers s'abattirent sur leur couvent et ses dépendances et en emportèrent un riche butin. Les huguenots renouvelèrent ces ravages au XVIe siècle; et dans les premières années du siècle suivant, une bande de malfaiteurs alla piller encore Bonneval. Mais toujours, malgré la violence de ces orages, cette abbaye avait relevé sa tête. Vint la tourmente révolutionnaire de 89, et elle disparut, peut-être pour jamais!

Abbés réguliers.

I. Dom Adhémar, premier abbé de Bonneval, en 1162.

A peine ce monastère eut-il été érigé en abbaye par le Pape Alexandre III, que les religieux élurent, à l'unanimité, pour abbé, dom Adhémar, leur prieur. Dès que cette décision eut été ratifiée par le St-Siége, Pierre, évêque de Rodez, se transporta à Bonneval pour bénir le nouvel abbé et lui remettre sa crosse de bois. Cette nouvelle dignité ne fit que rehausser l'éclat des vertus d'Adhémar; et quand il mourut, en 1177, il laissa une nombreuse communauté d'anges terrestres.

On écrivit, après sa mort, l'histoire de *sa vie*;

mais ce précieux manuscrit ne se retrouve plus.

II. Guillaume fut élu pour recueillir la crosse de dom Adhémar; mais son abbatial ne fut pas de longue durée. Il s'occupa avec un zèle constant du spirituel de sa maison et reçut, en gémissant, de nombreuses donations en faveur de Bonneval. Prévoyait-il qu'un jour les richesses terniraient l'éclat des vertus monastiques? Mais il y avait loin encore avant que cet or si pur s'obscurcit. Guillaume s'envola dans une patrie plus heureuse, en 1181.

III. Pierre Ier éprouva la bienfaisance du chapitre de Montsalvy.

IV. Sicard devint son successeur, en 1191.

V. Philippe, abbé, en 1196.

VI. Hugues fut élu en 1214.

VII. Arnauld, en 1231.

VIII. Antoine, en 1232.

IX. Jean Ier, en 1238.

X. Etienne Guirens, sous qui N. de Canilhac et Daude d'Estaing dédommagèrent l'abbaye de Bonneval des torts qu'ils lui avaient faits.

XI. Pierre II, en 1258. Le pape Clément IV le délégua pour examiner la règle des moines d'Aubrac et l'approuver *à perpétuité*, s'il le jugeait à propos.

XII. Etienne de Curlande, en 1275.

XIII. Pierre III, en 1281, créa un notaire

pour retenir toute sorte d'actes dans les terres de son abbaye.

XIV. G...., en 1283.

XV. Rostaing, en 1287, visita l'abbaye de Chambons, diocèse de Viviers, de la filiation de Bonneval.

XVI. Guiraud, en 1289.

XVII. Raymond Ier, en 1299.

XVIII. Béranger, en 1302, mourut en 1318.

XIX. Jean II, professeur en théologie, fut élu en 1320.

XX. Dieudonné Ier, en 1332.

XXI. Durand, en 1358.

XXII. Dieudonné II, de Brossin, élu au mois de juillet an susdit, cessa de vivre en 1362, l'an 1er du pontificat d'Urbain V.

XXIII. Rigal de Gaillac lui succéda. Il obtint de Jean, fils du comte d'Armagnac, la permission de fortifier Galinières et de l'entourer de fossés. On voit ses armes à la clef de voûte de la chambre dite de l'Abbé : elles portent *une crosse accostée de deux roses.*

XXIV. Pierre, 4e de nom, fut élu en 1381. Vingt-six religieux de chœur ont signé le procès-verbal de son élection, savoir : dom Jean Chanac, prieur ; Raymond Baulez, sous-prieur ; Guy Moisset, chantre ; Guillaume de Frézals, sacristain ; Raymond Flour, cellérier ; Arnauld de Solatges, grangier d'Abiac; Pierre de Magnaviale, grangier de Bonalberg; Jean-Baptiste Bouissou, grangier de Cassagnettes; Durand de Cadars, grangier de Montbès; Arnauld Delmas; Guillaume Gaudels; Bernard Bèche; Géraud Pélhous; Bernard Borel; Géraud Bouscayret; Guillaume Poujols; Durand Boysset; Guillaume Ripier; Jean Géraud; Bernard de Lafont; Guillaume Cabrol; Barthélemy de Bosc; Bernard Bézamat; Paul de Transtoulious; Guillaume Cazals, et Rigal de Gailhac.

XXV. Dieudonné III, devenu abbé de Bonneval, en 1388, s'occupa avec zèle du gouvernement de son abbaye, et lui procura de puissans protecteurs. Au 1er mai 1391, il fit hommage à Bernard, comte d'Armagnac et de Rodez, qui venait de succéder à Jean III son frère; et, trois ans après, il obtint des lettres de sauvegarde. En 1399, il rendit encore hommage au roi Charles VIII, et, en 1403, à Guy IX, baron de Sévérac, pour les biens que Bonneval possédait à Buseins. En reconnaissance des bienfaits reçus de Bernard, comte d'Armagnac, il fonda, pour le repos de son âme, quand il serait mort, trois anniversaires à faire chaque année. Dieudonné mourut en 1407.

XXVI. Jean Géraud, professeur d'Ecriture-Sainte, successeur de Dieudonné, fit hommage à

Bernard, comte d'Armagnac et de Rodez; à Bonne de Berry, veuve de Jean IV d'Armagnac, et à son fils Jean V. Il obtint, en 1424, du pape Martin V, le privilége de porter la mître et autres ornemens pontificaux. Trois ans après, il alla déposer aux pieds du souverain Pontife l'hommage de sa reconnaissance, et, en ses mains, il fit serment de lui obéir, ainsi qu'à ses successeurs; de ne jamais entrer dans aucune ligue contre les souverains Pontifes; de bien s'acquitter de tous les emplois qu'ils pourraient lui confier; de défendre les droits du souverain Pontife qui ne seraient pas opposés à ceux de son Ordre; de prêter main-forte aux légats de Sa Sainteté; de se rendre au synode, à moins d'empêchement, et de ne pas vendre, ni donner, ni engager les biens de son couvent. En 1431, il appela au Saint-Siége, d'une sentence de l'official de Rodez, et, l'année suivante, il fut déclaré exempt de sa juridiction par le pape Eugène IV. Il assista au concile de Bâle, qui l'envoya, avec Aymare de Roussillon, chanoine de Lyon, près d'Alphonse, roi d'Aragon.

XXVII. Jean Robert, compétiteur du précédent, adhérait au schisme de Pierre de Lune, ce qui le fit excommunier en 1420. Durant ce temps, il causa de grands préjudices au spirituel et au temporel de l'abbaye. Vraisemblablement, après la mort de Jean Géraud, il abandonna cette obédience, ce qui le fit confirmer dans l'abbatial de Bonneval. Il mourut le 4 février 1446.

XXVIII. Le quatre mars suivant, Pierre de Rigal, cellérier du monastère, en fut élu abbé par le chapitre, composé de Déodat de Frézals, prieur; Pierre Floyrac, grand cellérier; Pierre de Rigal, garde des clefs; Pierre Raynal, sous-prieur; Pierre de Benoît; Déodat Baudelli; Déodat Gelet, vestiaire; Antoine Correri, infirmier; Guillaume Capoulade, sous-chantre; Raymond Albaret; Jean de Véryère, sous-cellérier; Etienne Mazer; Pierre de Melet; Arnaud Gros; Jean de Lalo; Raymond de Sales; Déodat Costes; Arnauld Delmas; Jean Roques; Jean de Prat, chantre; Raymond Soulbac, sacristain; Armand de Solatges, syndic; Pierre Gervais; Antoine de Hauterive; Laurent Bascle; Pierre Bascle; Raymond Boisset; Pierre Fabre et Jean Garnier, en tout vingt-neuf religieux de chœur.

Acte de cette élection fut envoyé au souverain Pontife Eugène IV. « Mais le Pape cassa, par une
» Bulle du sept des ides d'avril 1446, l'élection
» faite par le chapitre de Bonneval, de Pierre,
» pour leur abbé, et, néanmoins, il lui en ex-
» pédia les provisions, comme choisi par le St-
» Siége, auquel il appartenait d'y pourvoir. »

A dater de cette époque, les religieux de

Bonneval n'élurent plus leur abbé. Pierre de Rigal étant mort, en 1449, l'abbaye fut mise en commende, et l'abbé commendataire, ne résidant pas dans le couvent, la discipline monastique alla s'affaiblissant : très-souvent même ce fut l'abbé commendataire qui introduisit le relâchement et la dissipation dans le couvent; car il devait avoir un logis dans son abbaye, une habitation *sur sa ferme*, où, libre de tout engagement monastique, il pouvait mener à son gré la vie du monde, y recevoir ses amis comme dans un château, et y établir son receveur avec sa famille.........

Abbés commendataires.

XXIX. Gui de Castelnau, protonotaire apostolique, fut pourvu de l'abbaye de Bonneval, à la mort de Pierre de Rigal. Le 2 février 1454, il donna des lettres de vicaire-général, pour Bonneval, à noble Armand de Solatges, syndic et moine de ce monastère. Le 2 novembre 1495, il fonda une messe à célébrer tous les jours à l'autel de St Jean, et, chaque année, trois anniversaires, et pour dotation il donna la montagne de la Branque, ou Brancalte, et un pré à Montpeyroux. Nommé, en 1503, évêque de Périgueux, il mourut le 10 août 1523, à Cahors, d'après la généalogie de la famille de Castelnau; au château de Galinières, d'après certains historiens. Il fut enterré dans l'église de Bonneval, du côté de l'Evangile, et on grava son épitaphe sur une plaque de bronze qu'on voyait encore en 89.

Gui de Castelnau eut aussi l'abbaye de Salvanès et la prévôté de Belmont.

XXX. Raymond de Raynaud, à peine pourvu de l'abbaye de Bonneval, reçut de François Ier la lettre qui suit :

« De par le Roy.
» Nostre amé et féal,

» Chacun voit et connaît la mauvaise et damnée
» volonté et affection que nos ennemis ont à l'en-
» contre de nous et de notre royaume, pays et
» sujets, et que déjà plusieurs fois ils ont essayé
» de nous vouloir ruiner et détruire, s'ils eussent
» pu, et encore à cette heure, persévérant en leur
» mauvais vouloir, se mettent à leur effort et font
» tous les préparatifs qu'ils peuvent pour venir
» en grosse puissance en nosdits royaume, pays
» et seigneuries, par divers endroits délibérés de
» les piller, saccager, brûler et mettre en proie
» et perdition, ce qu'à l'aide de Dieu et de notre
» bon droit nous espérons empêcher et y si bien
» pourvoir de tous costés qu'ils se trouveront
» frustrés de leur mauvaise intention. Mais pour
» fournir aux frais qu'il convient faire prompte-
» ment pour souldoyer un si grand nombre de

» gens de guerre et autres forces que mettons
» sus pour y résister, il nous est besoin et néces-
» saire, en attendant que les deniers de nos fi-
» nances soient recueillis, nous aider par em-
» prungt des prélats et gens d'église de notre
» royaume, nos bons et loyaux sujets, dont *vous*
» *êtes l'un*; et de cette cause vous prions bien
» instamment que à ce besoing vous nous veuillez
» prester la somme de *six vingts livres*, qui est
» bien petite somme, attendu votre faculté. Tou-
» tefois, nous nous voulons passer et contenter au
» moins que nous pouvons, afin que n'ayez cause
» de vous excuser. Laquelle somme vous mettrez
» et baillerez incontinent ès mains de notre amé
» et féal conseiller-général de nos finances de
» Guienne, et recepveur-général des deniers ex-
» traordinaires et parties casuelles de notre
» royaume, Me Pierre Despestigni, pour em-
» ployer à nos affaires de la guerre, lequel vous
» en baillera sa quittance, en vertu de laquelle
» nous vous en ferons appointer et payer sur le
» dernier quartier de nos finances de cette pré-
» sente année, un quel nous aurons foi certaine
» pour ce faire : vous priant de rechef ni faire
» faulte sur tant que désirez nous faire service et
» plaisir, et que craignez la ruine et désolation de
» notre dit royaume, pays et sujets, dont vous êtes
» du nombre.

» Donné à Amboise, le 22 juin l'an 1524.
» *Signé* FRANÇOIS.
» Par le Roy,
» DORNE. »

Le 24 février suivant, le roi fut fait prisonnier à la bataille de Pavie. Toutes les maisons religieuses du Rouergue firent les plus grands sacrifices pour contribuer à sa rançon.

XXXI. Jacques de Castelnau de Clermont, fils de Pierre, baron de Castelnau de Calmont d'Olt, et de Marguerite de La Tour, évêque de Saint-Pons-de-Tomières, fut nommé abbé de Bonneval, en 1545. Il y avait alors vingt-trois religieux de chœur : dom Jean Mazars, prieur ; Jean Destrélès, sous-prieur ; Etienne Pélaprat, sacristain ; Guillaume Conogul, chantre ; Pierre Boyer, cellérier ; Jean Régis, Jean Livinhac, Remy Rigal, François Roques, Jean Térondel, Antoine Ozilis, Antoine Viguier, Louis Noblat, Antoine Coilhat, Raymond Béruzes, Raymond Clauzel, Etienne Mazeau, François Solages, Pierre Brassat, Jacques Falguyères et Remi Roumiou.

XXXII. Pierre Pradines, abbé commendataire, en 1606.

Abbés Réguliers.

XXXIII. Dom Géraud de Noygue, fut nommé abbé commendataire de Bonneval en 1622. Le pape l'exhortait, dans ses bulles, à prendre l'habit de religion et à faire profession dans l'ordre de Cîteaux. Fidèle à suivre ce conseil, il se revêtit des livrées de la vie monastique et obtint du roi, en 1623, la permission de tenir son abbaye en règle. Ce fut pour Bonneval une ère de bonheur. Un renouvellement de ferveur et de régularité reparut dans le monastère, et le nom du nouvel abbé était l'objet d'incessantes bénédictions ; mais, dans son humilité, il voulut rentrer dans la vie privée, et, sous le bon plaisir du roi, il fit sa démission, en 1629, en faveur du suivant. De Noygue mourut au milieu de ses frères, en 1657.

XXXIV. Dom Etienne Carrier, fils de François Carrier, bourgeois, et d'Antoinette Calmels, del Duc, près Curières, docteur de Sorbonne, religieux et prieur de Bonneval, reçut ses bulles d'abbé régulier et fut béni, en 1630, par Bernardin de Corneillan, évêque de Rodez. Il devint, peu de temps après, vicaire-général de l'ordre de Cîteaux et aumônier honoraire du roi Louis XIII. Par son zèle et ses exemples, il soutint dans son abbaye l'esprit de ferveur et en augmenta les revenus. Il fonda, en 1660, le monastère de la *Bénissons-Dieu*, de La Falque, près Saint-Geniez-d'Olt, où Hélix Carrier, sa nièce, religieuse Bernardine de Leyme, fut envoyée en qualité de prieure. Il mourut le 19 février 1661, et fut enterré dans l'église du monastère. On lisait sur sa tombe :

« Dom : Stephanus : Carrier : villæ : del Duc :
» abbas : regularis : anno : M. DC. XXIX : et obiit :
» an : M. DC. LXI : restaurator : hujus : monas-
» terii : tam : in : spiritualibus : quam : in : tem-
» poralibus : et : Fundavit : monasterium : Bene-
» dictionis-Dei : aliàs : La Falque : propè : sanc-
» tum : Genesium : anno : M. DC. LX. »

Ce fut sous l'abbatiat de dom Etienne Carrier que le R. P. Beau, jésuite, publia la vie du *Bienheureux* François d'Estaing, évêque de Rodez. L'auteur fait dans cet ouvrage un bel éloge de Bonneval. Après avoir dit que le saint évêque avait une affection particulière pour cette abbaye, *où il faisait souvent ses retraites spirituelles*, il ajoute : « les amitiés des saints sont toutes cé-
» lestes, et je me persuade volontiers que notre
» saint évêque, dans la région de la parfaite
» charité, a pris de nouveaux feux d'amour
» envers cette sainte maison, dans notre siècle,
» auquel il semble que Dieu veut faire un nou-
» veau Clairvaux de Bonneval, pour en tirer des
» colonies à rétablir partout ailleurs l'esprit du
» grand St Bernard, qu'il lui a si libéralement
» rendu en nos jours. Heureuse la jeunesse que
» Dieu y appelle au renouvellement des prémices

» de la grâce d'institution ! Faveur qu'il ne fait
» jamais qu'à ceux qu'il veut conduire à une
» haute et éminente sainteté. »

A la mort d'Etienne Carrier, la communauté était ainsi composée : dom François Suau, prieur; Bernard Loubet, sous-prieur; Grégoire Mary, syndic; Pierre Galien, sacristain; Pierre Lauguier, secrétaire; Jacques Landès, infirmier; Joseph Carrier, maître des novices; Guillaume Martin; Jean Baldit; Antoine Bonnaterre; Benoît Baumel; Robert Bézamat; Etienne Albespeyre; Guillaume Alauze; Jacques Saby; André Suau; Barthélemy Cabanettes; Honoré Courtonis; Albéric Geniez; Alexis Latieule; Malachie Troupel; François l'Hospital, tous religieux prêtres, et Bernard Bancal ; Antoine Disdaret ; Amans Blanc, *jeunes profès.*

Novices : Jean-François Labeillé; Jean Amat; François Teilhard; Edmond de Combe; Gabriel Belcayre; Aymar Barlier et Jacques Raynaldy.

Absens : Jean Tédénat, docteur de Sorbonne; Jean Garrigues; Jean Guiral, cellérier; Pierre Rogéry, prieur à Mazan; Jean Rogéry, vestiaire; Gaspard Barri; Pierre Rigal, confesseur à Nonenque; Antoine Bru, et Louis du Gua, étudiants au collège de Toulouse : en tout *quarante-un.*

XXXV. Dom Jean Aymard Frayssinous, neveu précédent, fils d'Antoine, Bourgeois, et d'Anne

Carrier, était né au Puech, paroisse de Curières. Dès ses premières années, il montra une vocation très-prononcée pour l'état religieux, et, bien jeune encore, il entra au noviciat de Bonneval, où il se distingua par sa piété et ses talens. Ses supérieurs l'envoyèrent à Paris, suivre le cours de Sorbonne, où il fut reçu docteur avec applaudissement. Après son retour à Bonneval, il fut nommé professeur royal de la faculté de Toulouse, dont il devint plus tard doyen. A la demande de son oncle, le Pape Alexandre VII le nomma coadjuteur de Bonneval. Les bulles d'institution canonique sont datées de Ste Marie-Majeure à Rome, le onze des calendes d'août 1660. — M. Amable Frayssinous en conserve précieusement une copie authentique à côté des bulles de l'illustre évêque d'Hermopolis. — On ignore par qui il fut béni, — Hardouin de Pérèlixe, évêque de Rodez, étant alors à Paris; — mais, d'après ses bulles, il lui était permis de se faire bénir par le prélat ou évêque qu'il voudrait, pourvu qu'il fut en communication avec le St-Siége. On pense qu'il dût recevoir sa consécration abbatiale des mains de l'abbé de Cîteaux qui jouissait de ce privilége. Il fut installé dans la coadjutorerie le quatre décembre 1660, en présence de toute la communauté, par dom François Suau, prieur du monastère, subdélégué de Messire Dorssan, vicaire-général et official de Rodez. Le dix-huit février suivant, il devint abbé titulaire par la mort du R. P. Carrier. Dès-lors il prit les rênes du gouvernement. Juste admirateur de l'héroïque réforme de l'abbé de Rancé, qui a produit les Cisterciens de Notre-Dame de la Trappe, s'il ne put l'introduire dans son abbaye, il sut, du moins, y maintenir cette édifiante régularité qui avait mérité les éloges du P. Beau. Peu de temps après sa promotion à l'abbatial, il fut nommé vicaire-général de Cîteaux et conseiller au présidial de Rodez. Excessivement bon et libéral, ses aumônes privées étaient immenses, et il employait tous ses revenus en bonnes œuvres. Il avait secondé de tout son zèle son prédécesseur dans la fondation du monastère de la Bénissons-Dieu de La Falque : et, dans une de ses visites, en 1665, il fit don aux religieuses d'une somme de six mille quatre cents livres. En 1676, il donna à l'église de Curières un presbytère, — probablement vendu pendant la révolution de 1789, et remplacé par une autre maison donnée par Mgr l'évêque d'Hermopolis, arrière petit-neveu de l'abbé de Bonneval. — Les études auxquelles il s'était adonné avec ardeur, les sollicitudes inséparables de ses fonctions avaient ruiné sa santé sans affaiblir néanmoins l'énergie de son caractère. A la suite d'une grave maladie qui l'avait retenu plusieurs mois sur son grabat, on fit courir le bruit de sa mort, et Henri Claude de la Plainie Du Puy-Martin, prêtre du diocèse de Rodez, l'accueillant avec trop de précipitation, sollicita et obtint du roi un brevet, en date du 3 août 1676, qui le nommait abbé commendataire de Bonneval. Aussitôt, de quitter la capitale pour aller prendre possession de son abbaye; mais, sa surprise fut grande quand il trouva plein de vie celui qu'il croyait dans le tombeau! Néanmoins, il voulut jouir de son bénéfice, et le titulaire à son tour ne voulut pas s'en dessaisir: le bien de la communauté s'y opposait. Du Puy-Martin en appela au conseil du roi. Le R. P. Jean Aymard se rendit à Paris pour plaider sa cause. Des amis intervinrent et, sous le bon plaisir du roi, Du Puy-Martin résigna entre les mains du Pape l'abbaye de Bonneval, et dom Jean-Aymard lui fit une pension annuelle de *dix-huit cents livres*. Trois ans après il s'endormit dans le Seigneur, au mois de juillet 1679, et il fut inhumé dans l'église abbatiale. On grava sur sa tombe :

« Dom : Joannes : Aymardus : Frayssinous :
» primùm : coadjutor : tùm : abbas : regularis :
» anno : M. DCLXI : professor : regius : in : uni-
» versitate: Tolosanâ : ac : decanus : et : doctor :
» Sorbonnicus : obiit M. DCLXXIX : R : I : P : »

La pierre tombale de cet abbé a disparu comme celle de son prédécesseur ; mais ses armes (1) sont encore sur la clef du cintre de la porte de l'église, pour dire au touriste qu'un abbé du nom de *Frayssinous* sût maintenir la régularité dans ce célèbre monastère, avec ce zèle qu'un autre prêtre, du nom de *Frayssinous*, employa plus tard pour défendre la religion catholique au sein de la capitale. Le souvenir de ses armes, que Mgr Croisier avait remarquées, lors de sa visite à Bonneval, inspira, en 1846, à S. G. ces quelques lignes, où l'on retrouve des regrets et des hommages :

« Quelle impression n'a pas produite sur nous
» l'église si remarquable de Bonneval, où l'on ne
» peut plus qu'aller méditer sur les vicissitudes
» des choses humaines, et où nous avons trouvé
» le nom et les armes d'un abbé Frayssinous,
» comme à St-Geniez et à St-Côme nous avons,
» dans la même année, contemplé les monumens
» de la reconnaissance pour un illustre pontife
» du même sang. »

---

(1) La famille Frayssinous porte : *écartelé ; aux* 1 *et* 4 *d'or à un frêne de sinople*, terrassé du même ; *aux* 2 *et* 3 *d'argent, à un lion de sable, armé et lampassé de gueules.*

A chaque mutation d'abbé *régulier*, on gravait sur la porte de l'église, les armes de l'abbé régnant. Dom Frayssinous ayant été le dernier, ses armes ne furent pas remplacées.

Abbés Commendataires.

XXXVI. **Henri-Claude de la Plainie-du-Puy-Martin**, déjà nommé, fut pourvu de l'abbaye de Bonneval, par un second brevet du roi, en date du 21 juillet 1679, dans lequel il est fait mention du décès de Jean Aymard Frayssinous. Après sa mort, arrivée en 1714, l'abbaye fut réunie aux économats.

Durant ce temps, un incendie éclata à Bonneval, la nuit du 31 octobre 1719, vers les onze heures du soir. Il se déclara au pavillon bas, vers l'orient. Aussitôt, religieux et domestiques, éveillés par dom Jean Vialard, cellérier, qui lui-même avait été éveillé par dom François Foulquier, dépensier, firent tous leurs efforts pour en arrêter les progrès, mais ils s'aperçurent que le feu était, non seulement dans le dortoir, mais encore dans tous les bâtimens nouvellement construits, depuis la porte de l'enclos jusqu'au pavillon situé vers le four, ainsi que dans le corridor qui allait du dortoir à l'église, et que déjà le couvert de celle-ci, le clocher et la sacristie étaient la proie des flammes. Alors ils tournèrent leurs efforts à sauver l'intérieur de l'église, les greniers et les archives. Les couverts des lieux réguliers, construits depuis vingt ans, les planchers, les habits, la bibliothèque, où périrent de précieux manuscrits; douze calices, dont un en vermeil; une croix d'argent, vingt-cinq aubes, cent cinq chasubles et tous les meubles de la sacristie furent consumés. Les six cloches qui étaient au clocher furent fondues par la violence de l'incendie, et le métal ayant crevé la voute du transept, tomba en pluie de feu dans l'église. On ignora si cet incendie provenait du hasard ou de la malveillance.

XXXVII. Réné-François de Beauveau, archevêque de Narbonne, abbé de Bonneval, le 17 octobre 1723.

XXXVIII. Jean-Antoine-d'Agoult, doyen de Notre-Dame-de-Paris, obtint l'abbaye de Bonneval, en 1745, et mourut le 4 octobre 1769.

XXXIX. N.... Pommier, conseiller au Parlement de Paris, fut nommé abbé de Bonneval en 1770.

XL. Elléon de Castellane-Mazargues, évêque de Toulon, nommé en 1786, n'a pas eu de successeur ni à Toulon, ni à Bonneval.

Priviléges de l'abbé de Bonneval.

Aux états du Rouergue, il siégeait, lui septième, et nommait aux cures de Pierrefiche, de Solages, de Curières et de Saint-Remy-Bédène. Il était crossé et mîtré, et jouissait d'un revenu de 50,000 livres.

Bonneval, maison de noviciat.

Tant que l'ordre de Cîteaux suivit, dans toute sa rigueur, la règle de Saint-Benoît, les postulants affluèrent dans tous les monastères! Du moment que la règle fut mitigée, les vocations allèrent en diminuant. Cette diminution devint plus sensible dans les XIV° et XVI° siècles, et surtout lorsque les abbayes eurent été érigées en commende. Aussi la plupart des monastères manquèrent du personnel nécessaire pour remplir les dignités de l'ordre. Il n'en fut pas ainsi à Bonneval. Toujours cette abbaye fut florissante, et, bien que le nombre de ses moines de chœur eût été fixé à vingt-quatre, depuis près de trois cents ans, avant son oppression, elle sut dilater son sein pour en admettre davantage. Choisie par l'abbé de Cîteaux pour servir de maison de noviciat aux abbayes de Salvanès, de Beaulieu, de Loc-Dieu, de Bonnecombe, dans le Rouergue; de Font-Froide, diocèse de Narbonne; de Rivet, diocèse de Bazas; de Belle-perche, diocèse de Montauban; de l'Eschelle-Dieu, diocèse de Tarbes; de Gimont, diocèse d'Auch; de Bonnefont, diocèse de Comminges; de Grand-Selve, diocèse de Toulouse; de Candeil, diocèse d'Albi; de Peyrouse, diocèse de Castres; et de la Garde-Dieu, diocèse de Cahors, elle reçut les vœux de soixante-seize religieux, depuis le 21 décembre 1730 jusqu'au 14 novembre 1785. On se contente de donner les noms de ceux qui firent vœu de stabilité pour Bonneval.

Prieur de Bonneval.

Dom Guillaume Vors, bachelier en théologie de la Faculté de Toulouse, et vicaire-général de l'ordre de Cîteaux.

Sous-Prieur et maître des novices.

Dom Joseph Aurélien de Preigney.

1° Amans Durand, âgé de 19 ans, fils de Guillaume, avocat en Parlement, et d'Anne Le Tullier, de Nusses, le 9 mars 1752, mourut à Bonneval le 5 mai 1779.

2° Antoine Delduc, âgé de 25 ans, fils de Jacques, marchand, et d'Hélix Pradel, d'Aurillac, les jour, mois et an susdits, mourut à Bonneval le 5 mai 1787.

3° Joseph Ortolanis, âgé de 20 ans, fils de François, bourgeois, et de Catherine Besseyrie, de Recoules, près Sévérac, le 1er janvier 1737.

4° Jean-Baptiste Pradines, âgé de 20 ans, fils de Mathieu, avocat en Parlement, et de Marie Favène, les jour, mois et an susdits, mourut à Bonneval le 19 mars 1789.

5° Raymond Soulages, âgé de 21 ans, fils de François, marchand, et de Marie Chaliès, de Saint Léons, même jour, mois et an susdits.

* 6° Barthélemi Bancarel (18 ans), fils de N..., avocat en Parlement et en la Sénéchaussée de Rodez, et de Marguerite Lagorée, 15 juin 1738.

* 7° Ignace Vaysse (21 ans), fils de Jean, conseiller du roi et son procureur en la maîtrise des eaux et forêts à Rodez, et de Françoise Burg, de Cougousse, paroisse de Saint-Austrémoine, 15 juin 1738.

* 8° Joseph Vaurs (22 ans), fils de Jean, bourgeois, et de Marie Puech, du village de Gipoulou, paroisse de Marcillac, 21 décembre 1750.

* 9° Jean Moly (19 ans), fils d'Antoine, notaire, et de Marie-Anne Garrigues, de Saint-Amans-de-Salmiech, 26 août 1751.

* 10. Pierre Sicard (21 ans), fils de Jean, marchand, et d'Elizabeth Enjalbert, de Sévérac-le-Château, 26 août 1751.

* 11. Jacques Seconds (17 ans), fils de Jean-Antoine, lieutenant en la maîtrise des eaux et forêts à Rodez, et de Marie-Anne de Villaret, 26 août 1751.

12. François Lemosy (21 ans), fils d'Antoine,

procureur du roi, et de Jeanne Pradal, de Cordes, 29 janvier 1752.

13. Jean-Baptiste de Broa (22 ans), fils de Pierre, avocat en Parlement, et de Rose de Rocles, de Valgorse, diocèse de Viviers, 30 novembre 1753.

Prieur de Bonneval.

Dom Joseph Aurélien de Preigney.

Sous-Prieur et maître des novices.

Dom Ignace Vaysse.

14. François-Laurent Fabre (19 ans), fils de Barthélemi, et de Françoise Médale, du Puget, 22 mai 1761.

* 15. Bernard Vigouroux (19 ans), fils d'Antoine, et de Jeanne Marie Leschaire, de Lodève, 9 août 1761.

* 16. Louis de Colom de Saint-Hamard (23 ans), fils de Messire de Colom, seigneur de Saint-Hamard, en Quercy, et d'Anne Dumas, 2 mai 1762.

* 17. Jean Emmanuel Crabrère (20 ans), fils de Jacques, bourgeois, et de Jeanne-Marie Neirette, de Rieux, 19 mars 1762.

* 18. Martin Bonnefous (30 ans), fils de

Martin, et de Jeanne Buriane, de Bilhac, 25 août 1763.

* 19. Gabriel Bouillet (17 ans), fils de Joseph, marchand, et de Jeanne Cailard, de Lodève, 29 janvier 1764.

* 20. Jean-Baptiste Biron (21 ans), fils de Jean-Henri, bourgeois, et de Marie Neufveglise, de Chaudes-Aygues, le 30 décembre 1764.

* 21. Jacques de La Garde (21 ans), fils de noble Pierre-François, et de Jeanne-Marie de Méja, de Saint-Céré, le 30 décembre 1764.

Il fut le dernier reçu pour l'abbaye de Bonneval.

Les religieux dont le nom se trouve précédé d'un astérique étaient encore à Bonneval le 4 octobre 1790.

Dignitaires à cette époque.

Dom Ignace Vaysse, prieur depuis 1771 et vicaire-général de l'ordre de Cîteaux.

Dom Bernard Vigouroux, sous-prieur.

Dom Martin Bonnefous, sacristain et cellérier.

Dom Gabriel Bouillet, syndic et bibliothécaire.

Dom Jacques de La Garde, maître des bois.

Régime intérieur.

Il a subi diverses phases. Les deux premiers siècles qui suivirent la fondation de Bonneval, de Salvanès, de Beaulieu, de Loc-Dieu, etc., furent les jours de gloire de ces abbayes. Durant tout ce temps, la règle de Saint-Benoît y fut pratiquée dans toute sa rigueur. Lever, au plus tard à deux heures après minuit, pour chanter matines, l'office des morts, pendant une partie de l'année, et, pendant toute l'année, le petit office de la Sainte-Vierge, qui avait été recommandé à la piété des fidèles par le pape Urbain II, au Concile de Clermont; silence absolu : les signes étaient substitués aux paroles. Deux grandes occupations, l'œuvre de Dieu et le travail des mains, remplissaient la journée. Les heures du travail était comptées, sept ou six par jour, selon les saisons. Abstinence totale d'aliments gras, de beurre, d'œufs et de poisson; pas d'autres portions que les herbes et les légumes de leurs jardins. Mais durs envers eux-mêmes, les Cisterciens, connus avant la révolution de 89 sous le nom de *Bernardins*, et aujourd'hui sous celui de *Trappistes*, étaient pleins de charité envers leurs frères. Des adoucissemens étaient accordés aux infirmes et aux faibles. On pourvoyait au salut des âmes, sans refuser au corps les soins qu'il réclame. La règle de Saint-Benoît est pleine d'indulgence sur ce point. Quoique les monastères de Bonneval, de Salvanès, etc., comme tous ceux de l'Ordre, fussent établis loin de l'habitation des hommes, dans des solitudes inconnues, cependant la porte était toujours ouverte aux pèlerins, aux voyageurs, que la piété, la curiosité ou l'ignorance des chemins y conduisaient. Les moines accueillaient les étrangers (1) comme Jésus-Christ lui-même; ils assistaient les pauvres, ils leur donnaient du pain et des vêtemens, ne se réservant que la moindre part; semblables, a dit un historien, au bœuf laborieux et sobre qui ne mange que la paille, et laisse le grain pour la nourri- de ses maîtres.

A la vue du régime austère qui était imposé au moine cistercien, on était ému, touché de compassion. On ne comprenait pas que ces pratiques si dures dussent faire les délices de ceux qui se les étaient imposées volontairement. Pour adoucir leur sort, plusieurs seigneurs leur léguèrent certaines sommes afin d'augmenter leur *pitance*. En 1191, Pierre de Pierrefiche, pour l'amour de Dieu et pour le salut de son âme et de celle de ses parens, fit don à Sicard, abbé de Bonneval, de sa personne et de ses droits sur l'église de Pierrefiche, à condition que chaque année, l'abbé susdit et ses successeurs donne-

(1) Les étrangers, voyageurs, etc., avaient le privilége de passer trois jours à Bonneval et dans tous les monastères de l'ordre de Cîteaux. Cet usage est en vigueur dans tous les couvens des Trappistes.

raient aux moines deux festins, l'un à la fête de la Nativité de la Sainte-Vierge, l'autre au dimanche des Rameaux; et en 1309, Pierre de Pelet, baron de Calmont-d'Olt, seigneur d'Alais, leur assigna des rentes pour faire, chaque année, une albergue (repas). Enfin, presque tous les anniversaires fondés à Bonneval portaient, en même temps, la fondation d'un repas à donner aux moines, le jour où on les célébrait. Ce fut ainsi que le relâchement pénétra à Bonneval et dans les autres abbayes de l'ordre de Cîteaux. Clément IV et Benoît XII y ramenèrent la ferveur, mais la règle fut mitigée. La nourriture fut moins austère, l'usage du beurre et du poisson permis, le travail moins rude et moins long. Dans un acte de Bonneval, portant la date de 1395, il est dit: qu'à cette époque les convalescents, qui mangeaient au réfectoire de l'infirmerie, usaient d'alimens gras les dimanche, lundi, mardi et jeudi, et que ceux qui étaient bien portans usaient, tous les jours, au réfectoire commun, d'alimens maigres, tels qu'œufs, morue, poisson, etc.

Mais bientôt après, les abus reparurent avec plus d'intensité. Les guerres des Anglais rendirent le mal irréparable en jetant les religieux dans le monde, d'où ils rapportèrent bien des pensées et des habitudes contraires à leur état.

L'érection des abbayes en commende augmenta le mal et précipita la décadence de cet ordre célèbre, qui ne conserva plus que l'ombre d'un grand nom.

Cependant Bonneval recouvra, dans le XVIIe siècle, une régularité exemplaire sous trois abbés réguliers, et les jours de son antique ferveur auraient reparu, si on avait pu y introduire la réforme d'Armand-Jean Le Bouthilier de Rancé, abbé de la Trappe. Mais Claude Vaussin, abbé de Cîteaux, supérieur-général de toutes les abbayes cisterciennes, ennemi de cette réforme, fit d'incroyables efforts pour s'opposer à ses progrès. Par la protection du cardinal Chigi, neveu d'Alexandre VII, il obtint, le 19 avril 1666, de ce pape, un bref contenant une réforme générale de son ordre, qui ne réformait rien d'important, mais qui régularisait les mitigations introduites depuis trois siècles.

D'après ces mitigations, approuvées par le Saint-Siége, les moines de l'ordre de Cîteaux se levaient, aux fêtes de *sermon majeur* (fêtes solennelles), à deux heures après minuit, pour chanter l'office; aux fêtes de *sermon mineur*, à deux heures et demie, et ils chantaient seulement le *Venite exultemus*, l'hymne, le dernier répons et le *Te Deum*. Le reste de l'office nocturne était psalmodié, mais ils chantaient toujours les Petites Heures. Les autres jours de l'année, le lever avait lieu à trois heures du matin. La messe de communauté était chantée à dix heures. On employait les orgues dans les fêtes solennelles. Le grand silence n'était observé que depuis Complies jusqu'à Primes du lendemain, et en tout temps, dans les lieux réguliers, comme dans l'église, le dortoir, le cloître et le réfectoire. A l'égard des autres lieux et pendant le jour, ils ne pouvaient, sans permisssion expresse du supérieur, se livrer à de longs entretiens.

Tous les jours, les dimanches et fêtes exceptés, ils se livraient au travail manuel, tous ensemble, depuis une heure jusqu'à deux, et les jours de jeûne d'église, depuis deux jusqu'à trois. Le reste du jour était consacré à la prière, à l'oraison, à l'étude et à la lecture des bons livres.

L'abstinence était gardée exactement aux jours de jeûne, soit de l'église, soit de l'ordre, tous les lundi, mercredi, pendant l'Avent, la Septuagésime et les Rogations. Les autres jours, c'est-à-dire les dimanche, mardi et jeudi, il était permis d'user d'alimens gras à dîner et à souper. En vertu d'une bulle du Pape Sixte IV, donnée en 1475, le chapître général de Cîteaux, tenu en 1485, avait permis l'usage de la viande pour ces trois jours.

Le costume était toujours le même : dans l'intérieur du monastère, une robe blanche et un scapulaire noir avec capuce de même couleur; ceinture de cuir ; au chœur, une coule blanche avec capuce de même couleur, et avec longues et larges manches. Vers le commencement du quinzième siècle, la vanité introduisit un ornement plus glorieux que commode, plus dispendieux qu'élégant, un chaperon blanc avec capuce, qui se portait par-dessus la coule, à laquelle on avait retranché le capuce. Ce chaperon avait par-devant la forme d'un camail, et s'allongeait par-derrière en pointe de châle. C'est avec cet habit, qu'il n'a jamais porté ni connu, qu'on représente Saint-Bernard. L'abbé de Rancé, dans sa réforme, l'avait toléré, mais dom Augustin de Lestrange, abbé des Trappistes de la Val-Sainte, l'a supprimé dans la réforme qui porte le nom de cette abbaye.

D'après la mitigation, chaque religieux avait deux coules, deux robes et quatre tuniques. Il ne pouvait user de linge qu'en maladie.

Le 22 avril 1696, François-Pierre Mary, abbé régulier de Notre-Dame de Cadouin, visitant, par l'ordre du Révérendissime abbé-général de Cîteaux, l'abbaye de Notre-Dame de Bonneval, écrivait dans sa carte de visite: « Nous avons trouvé, par la grâce de Notre-Sei-

» gneur, que l'office divin s'y faisait fort dévo-
» tement et avec beaucoup d'édification, et que
» tous les bons anciens étaient toujours les
» premiers à donner en cela un exemple de leur
» piété, et afin que ledit monastère puisse tou-
» jours persévérer dans la même ferveur, dom
» prieur tiendra la main que les plus jeunes
» imitent soigneusement l'exemple de leurs an-
» ciens, et que personne ne se dispense du ser-
» vice divin, sans une occupation ou une infir-
» mité connue et sans la permission du supé-
» rieur. »

Mais vinrent les doctrines du XVIIIe siècle, et des ouvrages contagieux furent introduits dans les monastères pour les pervertir. Si l'on ne réussit pas, dans la plupart, à transformer les religieux en philosophes, on ne parvint que trop, en plusieurs endroits, à éteindre l'amour de la règle et de la prière. L'oisiveté, la dissipation, l'amour du luxe et du monde, par une conséquence de ce relâchement, prirent la place du recueillement, du travail et de l'esprit de pauvreté. Douloureusement affectée de la décadence de l'état religieux, l'assemblée du Clergé de France avait proposé de recourir au Saint-Siége, pour demander un remède à ces maux; mais la secte philosophique fut assez puissante pour faire nommer, en 1766, une commission à

l'effet d'examiner les abbus introduits dans les monastères et qu'elle-même y avait semés, et de chercher les moyens d'y remédier. Membre de cette commission, de Brienne, archevêque de Toulouse, plein des idées de la secte qui le prônait et de mépris pour les moines, y fit prévaloir un système de destruction graduelle, et parvint à faire rendre, en 1768, un édit qui supprimait toutes les maisons où il n'y avait pas quinze religieux. Salvanès, Beaulieu, Loc-Dieu et Bonnecombe devaient être de ce nombre, mais la révolution de 89 ne donna pas le temps aux religieux qui habitaient ces abbayes de descendre dans la tombe. Bonneval avait le personnel requis, mais il n'avait pas été préservé de la contagion. Des laïques, distingués par leur naissance ou leurs fonctions, qui allaient passer des jours d'agrément dans cette abbaye, avaient déposé dans le cœur de quelques jeunes moines le poison de ces maximes corrompues, qui attirèrent sur la société de si épouvantables calamités. Cependant on a jugé, ce semble, Bonneval un peu trop sévèrement quand on a dit: « Dans
» ce lieu agreste et sauvage, demeuraient huit
» ou dix heureux, qui mangeaient, buvaient ou
» chantaient tout le temps qu'ils ne dormaient
» pas. » Les pratiques de la religion n'étaient pas bannies du monastère; l'office divin était chanté

avec régularité à cinq heures du matin. Parmi les religieux, il y en avait dont la vie était exemplaire, et lorsque l'orage éclata, les plus anciens, le Père Vaysse, leur prieur en tête, répondirent, le 22 mai 1790 : *Qu'ils désiraient vivre et mourir dans le saint état qu'ils avaient embrassé.* Quatre Pères, il est vrai, tinrent un langage différent... Mais les uns et les autres furent enfin forcés de dire un éternel adieu à l'antique monastère. Jetés dans le creuset de la tribulation, ils se montrèrent, un seul excepté, et il n'était pas originaire du Rouergue, dignes, par leur orthodoxie et leur ferveur, du saint habit dont ils avaient été revêtus dans leur jeunesse.

Dans l'histoire de Bossuet, par le cardinal de Baussct (1), on lit : « Opposera-t-on à ce récit
» simple et fidèle.... les erreurs ou les scandales
» de quelques particuliers ? Qu'importent des
» fautes ou des torts personnels, dont nulle so-
» ciété composée d'hommes ne peut être entière-
» ment exempte? Ils étaient sans doute bien
» coupables ceux qui ont méconu la sainteté et la
» dignité de leur profession et ont mérité de tels
» reproches. Mais les hommes passent et les corps
» sont immortels. Les monumens de tant de
» bienfaits -- rendus par les moines, -- pendant

(1) Tom. II, livre 6, page 78.

» une longue suite de siècles, étaient présents à
» tous les regards et demandaient au moins la
» reconnaissance de l'histoire. »

Biens et revenus de Bonneval.

On les donne, d'après une déclaration faite par dom Vigouroux, sous-prieur, le 27 février 1790, et remise à M. Bouldoyres, maire de la communauté de Cayrol-Bonneval.

Comme une partie des revenus, qui représentaient la mense conventuelle, se prélevait en argent, et l'autre en denrées, on les évalua de la manière qui suit :

Froment, le setier, mesure de Millau. . .10 liv.
Seigle, le setier composé de 8 *cartons.* 12
Avoine, le setier, *idem.* 6
Fromage, le quintal estimé. 27
Beurre, le quintal, *idem.* 50
Vin, la pipe. . . . . *idem.* 40
Grosses fèves, le setier. 12
Poules, estimées *dix sols* pièce.
Amandes, la livre estimée *huit sols.*
C'est d'après ce taux qu'on fixa les revenus.

Objets affermés.

Pussac. Ce domaine, situé près Bonneval,

consistait en maison, granges, champs, prés, montagne de la Brancalte, droit de dépaissance pour trois cent cinquante moutons dans les domaines de Galinières et de La Vayssière, dépendants de l'abbé.

Terre de Bonneval. A l'afferme de Pussac étaient réunis le domaine du Gouget, dans la paroisse d'Anglars; les censives et les champarts de la terre de Bonneval, où la maison jouissait de la moyenne et basse justice, et enfin les entiers droits au profit du fermier. Le tout affermé, par acte public devant M° Saltel, notaire à Espalion (1).

Argent. . . . . , ... 5,000 liv.
Seigle, cent setiers, estimés. . . . . . 1,200 liv.

Moulin de Bonneval. Outre la franche mouture pour la communauté et les domaines de Pussac et de Masses. . . . . 140 liv.

Séveyrac. Château et terres, dans la paroisse de Barriac, affermé avec toutes ses dépendances, rentes et directes, la moitié des lods réservée. . . . . 5,200 liv.

Pots de vin perçus sur Pussac et Séveyrac, deux mille quatre cents livres, dont les intérêts à 5 % donnaient. . . . . .220 liv.

(1) L'acte d'afferme des terres et rentes qui suivent avait été passé devant le même notaire. On a cru, moyennant cette note, devoir se dispenser de le répéter à chaque article.

Terre basse de Bonneval. Dans cette ferme était comprise la dixme Carnenq et celle des blés de mars.

Argent. . . . . 90 liv.
Avoine, onze setiers. . . . . 66 liv.

Laguiole. Sous ce titre étaient compris les rentes avec la moitié des lods dans cette paroisse, le carnelage dans les paroisses de Laguiole, Curières et Saint-Remi; les poules et cire à prélever sur la terre de la Roquette, et les rentes sur Prat-Long. . . . . 1,300 liv.

Pots de vin, quatre cent trente-deux livres. . . . . 21 liv.

Le Seignour, dans la paroisse de Coubisou, consistant en maison, pré, champ, vignes et quelques rentes. . . . . 100 liv.

Quésaguet, ferme isolée, dans la paroisse de Rivière, avec quelques censives. . . . . 150 liv.

Amandes, soixante livres. . . . . . . 24 liv.

On y voit encore la chapelle, connue sous le titre de Sainte-Croix de Quésaguet. Le *bienheureux* François d'Estaing, évêque de Rodez, en fit la visite le 31 mai 1524. Il est dit dans le procès-verbal : « Qu'elle était carrée et décorée
» d'une très-ancienne et très-belle peinture, *qua-*
» *drata et picta antiquissimâ et pulcherrimâ*
» *pictura;* qu'il y avait un reliquaire d'argent
» renfermant une assez grande portion de la

» Vraie Croix. — Un calice d'argent; — assez
» d'ornemens pour célébrer les messes. — *Nulla*
» *custodia*. — *Nulli fontes*. — *Nullum cœmete-*
» *rium*. — Un seul autel et deux cloches. — Des-
» servie par un religieux de Bonneval. »

Marcillac. Les rentes dans cette paroisse, moitié des lods réservée, étaient de. . . 33 liv.

Buseins. Sous ce titre étaint compris différens fiefs, épars dans les paroisses de Buseins, Saint-Geniez-d'Olt, Pierrefiche, Sévérac-l'Eglise, Palmas, Laissac, et moitié des lods réservée. 1,872 liv.

Pots de vin sur Buseins, quatre cent trente-deux livres. . . . . 21 liv.

Bonne-Charre, terre en toute justice, dans la paroisse de Saint-Urcisse, en Auvergne, avec quelques censives indivises; moitié des lods réservée. . . . . 150 liv.

Bonalberc, en Gévaudan. Rentes sur ce domaine, avec moyenne et basse justice, moitié des lods réservée. . . . . 700 liv.

Pots-de-vin sur Bonne-Charre et Bonalberc, deux cent quarante-deux livres. . . . . . 12 liv.

Laparra, champ dans la paroisse de Coussergues. . . . . 12 liv.

L'Albespy. La rente de l'Albespy, de Bareilles et du Mas-del-Bosc, moitié des lods réservée. . . . . 72 liv.

Barrugue. Les secondes herbes du pré de Barrugue, et celles du pré Contou. . . . 11 liv.

Anduze. La locaterie perpétuelle d'Anduze, dans le diocèse d'Alais. . . . . 167 liv.

Saupiac. Les champs de Saupiac et le pré de Saint Côme. . . . . 60 liv.

Rodez. Rente annuelle sur la maison des religieuses Notre-Dame de Rodez. . . . . . 1 liv.

Entraygues. Sous ce titre sont comprises les rentes dans les villages de Bouldoires, paroisse d'Estaing, et Cabrespines et dépendances d'Entraygues, moitié des lods réservée. . . 660 liv.

Soulages. La ferme de Soulages consiste dans les fruits décimaux de ce prieuré, et dans les rentes, avec la moitié des lods tant dans la paroisse de Soulages que dans celle de Cassuéjouls. . . . . 1,937 liv.

Pots de vin, trois cents livres. . . . . 15 liv.

Auriech. Les censives et les champarts d'Auriech et La Bastide, paroisse d'Aunac; les champarts de Las Garrigues, l'entier droit des lods réservé. . . . . 156 liv.

Saint-Julien ou *La Sacristie.* Les rentes dépendantes de La Sacristie de Bonneval, à prélever dans la paroisse d'Aleyrac, Flaujac, Coubisou, Anglars du Causse, Saint-Côme et Calmont-d'Olt; ensemble la rente abituaire due par le seigneur de Bessuéjouls; plus les rentes en vin, et les champarts du Puech de Selles de Flaujac. . . . . - . . . . . 450 liv.

Pots de vin, cent quarante livres. . . . 7 liv.

Saint-Remi. Le domaine de Saint-Remi et le pré de Montpeyroux. . . . . 80 liv.

Pots de vin, cent livres. . . . . 5 liv.

Maison à Saint-Remi, située près du presbytère, affermée au sieur Martin, notaire, dont les réparations indispensables doivent être précomptées sur le prix de ferme.

Maison à Soulages, en assez mauvais état. Le curé y logeant certains pauvres de la paroisse, désira la consacrer pour toujours à cet effet.

Biac. Cette seigneurie avec moyenne et basse justice, les censives, l'entier droit de lods et le domaine, consistant en granges, une tour, champs, prés et bois. . . . . 3,900 liv.

Douze poules. . . . . 6 liv.

Le fermier payant les charges. . . . . 100 liv.

Frayssinet. Les rentes et dîmes du domaine de Frayssinet, en Auvergne. . . . . . 2,050 liv.

Charges payées par le fermier. . . . . 60 liv.

Portion des lods réservée sur Biac et Frayssinet. . . . . 50 liv.

Sol d'Agol. La dîme en grains de ce sol dépendant du prieuré de Saint-Remi. . . . . 100 liv.

Sol Mégié. Sous ce titre sont comprises les rentes dans la paroisse de Saint-Remi, la dîme du sol appelé *Mégié*, dans les villages de la Vitarelle et Brionais; la dîme des blés de mars dans les susdits, etc.

Seigle, cent douze setiers. . . . . . . 1,344 liv.
Avoine, trente setiers. . . . . 180 liv.
Huit poulets. . . . . 3 liv.
Pots de vin, deux cent quarante livres. 12 liv.

Sol d'Ambert. La dîme des blés tant d'hiver que de mars de ce sol.

Seigle, vingt-sept setiers. . . . . . . 324 liv.
Pots de vin, soixante livres. . . . . . . 3 liv.

Sol de la Serre. Les blés tant d'hiver que de mars dépendant du dixmaire de ce sol.

Seigle, trente-huit setiers. . . . . . 456 liv.
Avoine, huit setiers. . . . . 48 liv.
Poulets, cinq paires. . . . . 4 liv.
Pots de vin, quatre-vingt-seize livres. . 5 liv.

Sol de Cussel et d'Artis. La dîme des blés d'hiver et de mars de ces deux sols dépendants du prieuré de Saint-Remi.

Seigle, soixante-neuf setiers. . . . . 838 liv.
Avoine, quinze setiers. . . . . 90 liv.

Sol de Marsagues. La dîme des blés d'hiver et de mars de ce sol, et celle du Sol Mégié, au village du Mas-del-Bosc, et les droits de champarts, etc.

Seigle, trente-neuf setiers. . . . . . 468 liv.
Avoine, trois setiers. . . . . 18 liv.

Pots de vin, quatre-vingt-seize livres. . 5 liv.

Objets non affermés.

Pension sur Galinières. 1° Froment, cinq cent vingt-quatre setiers. . . . . 5,240 liv.
2° Beurre, un quintal. . . . . 50 liv.
3° Fromage, treize quintaux trente-six livres . . . . .360 liv.
4° Fèves du Causse, cinq setiers. . . 60 liv.
Les abonnemens faits avec certains particuliers de la paroisse de Saint-Remi, pour droits de champarts, produisaient environ cinq setiers seigle. . . . . 60 liv.

Bonneval et Masses. Le jardin, enclos et verger de Bonneval, les prés adjacents à l'enclos, quelque autre pré dans les environs, les bois composés d'environ cinq cents arpents, le quart de réserve dans le meilleur état possible, la tour et maison de Masses, les vignes, jardin, allée, châtaigneraie, petit pré de Masses, les vignes données à demi-fruit, le tout estimé par les assesseurs de la communauté de Cayrol-Bonneval. . . . . 2,914 liv.
Produit des lods réservés. . . . . . 300 liv.
Total des revenus de la communauté de Bonneval. . . . . .38,980 liv.

Charges.

La communauté était composée de treize religieux, de quatorze domestiques et d'un garde-bois.

Elle payait :

Au sieur Sothelin, de Saint-Côme, médecin de la maison, une pension viagère de douze setiers froment. . . . . 120 liv.

Au chirurgien. . . . . 72 liv.

Au sieur Dalac, d'Espalion, perruquier, une pension viagère de huit setiers seigle et de huit chars de bois. . . . . 120 liv.

Pour les décimes ou dons gratuits et pour la confection des grandes routes. . . . . 5,602 liv.

Pour certaines pièces qui ne sont pas nobles dans la communauté de Cayrol-Bonneval. 130 liv.

Pour les domestiques. . . . . 72. liv.

Pension au curé de Saint-Remi, soixante-neuf setiers seigle. . . . . 838 liv.

Au même, avoine, deux setiers. . . 12 liv.

Pension au curé de Soulages, seigle, trente-deux setiers. . . . . 384 liv.

Au même, pour les novales, seigle, deux setiers. . . . . 24 liv.

Au même, pension en argent. . . . 100 liv·

Au même, pour les menues dépenses. 40 liv.

Au même, avoine, un setier. . . . . 6 liv.

Redevance au prieur de Perce d'Espalion. 18 liv.

Au même, deux livres d'encens.

Pension au curé de Flaujac : 1° froment, huit setiers. . . . . 80 liv.

2° Bois, dix cannes carrées.

3° Vin, une pipe et demie.

Aumônes.

Dans la paroisse de Saint-Remi : seigle, dix-huit setiers. . . . . 216 liv.

Dans celle de Curières : seigle, dix-huit setiers. 216 liv.

Dans celle de Soulages : seigle, six setiers 72 liv.

Dans celle de Buseins : seigle, six setiers. 72 liv.

A Bonneval, en grains délivrés les 1er janvier et juillet, et en pain le Jeudi-Saint et tous les jours à la porte du monastère, au moins cent setiers seigle. . . . . 1,200 liv.

Nota. — Le Jeudi-Saint, on donnait à toute personne trois pains, et tous les jours un pain.

Charges claustrales.

Les frais du culte, des réparations ou d'entretien. 2,000 liv.

L'entretien du bresbytère, des ornemens, etc.,

des églises de Saint-Remi et de Soulages.. 100 liv.
Total des charges. . . . . 11,494. liv.

Résumé des revenus et charges.

Revenus. . . . . 38,980 liv.
Charges. . . . . 11,494 liv.
Revenu net. . . . . 27,486 liv.

Mense abbatiale.

Le détail des revenus de la mense abbatiale ne fait pas suite à la déclaration ci-dessus. Elle comprenait les terres et châteaux de Galinières, Montbès, La Roquette, La Vayssière, La Planque et Bonalberc. En 1771, ces terres étaient affermées 32,000 liv.

L'abbé payait sur le domaine de La Vayssière, au curé de Cadeyrac, une pension de sept setiers froment, et il faisait distribuer annuellement aux pauvres de Pierrefiche douze setiers deux cartes de froment, et tout autant d'orge et d'avoine. Les curés de Curières et de Pierrefiche étaient aussi pensionnés par l'abbé de Bonneval.

De tous les domaines qui composaient sa mense, celui de Galinières était le plus considérable. Le château, de style ogival, fut fortifié du temps de la guerre des Anglais, au XIVe siècle, en vertu d'une permission donnée, en 1370, par Jean, fils du comte d'Armagnac, à l'abbé de Bonneval. La grande tour du nord est remarquable : au second étage, on y voit la chambre de l'abbé, avec voûte d'arête à nervure saillante; sur la clef de voûte, les armes de l'abbé Rigal de Gaillac (1), qui fit construire ce château. Tout l'appartement est peint à la fresque. Sur les quatre murs, écusson peint : *d'or bordé de gueules à un coq au naturel, au chef de gueules bordé d'or, chargé de trois étoiles d'argent à six pointes.* A la fin du mois de septembre 1576, les états du Rouergue, assemblés au château de Galinières, y conclurent une trève d'un mois.

Les châteaux de La Vayssière et de Montbès n'offrent rien de remarquable.

La Roquette, sous Tescq, est une grande tour crenelée qui est encore debout.

Jean IV, comte d'Armagnac et de Rodez, permit, en 1437, à l'abbé de Bonneval, de faire transporter le château de la Roquette sur le Roc de Candos, à la charge de l'hommage.

État général des archives, de la bibliothèque et des ornemens de l'église et du réfectoire, en 1789.

Plusieurs titres déposés aux archives périrent

(1) Une crosse accostée de deux roses.

dans l'incendie qui eut lieu en 1719. Ceux qu'on eut le bonheur de soustraire aux flammes furent énoncés dans un inventaire, gros volume *in-folio*, commencé en 1760. Après la révolution de 1789, il a été employé à des usages domestiques et il n'en reste plus que quelques feuillets.

A la tour de l'évêché, on trouve tout ce qui a pu être sauvé des archives de Bonneval. La bibliothèque fut entièrement consumée. En 1789, elle était composée d'environ mille volumes : Pères de l'église, ouvrages de théologie, de morale et d'histoire; presque pas de livres de littérature.

Argenterie de l'église.

Une petite croix processionnelle, six calices, un ciboire, un ostensoir, la boîte aux saintes huiles, un encensoir avec sa navette, deux petits chandeliers d'acolyte, deux burettes avec leur soucoupe et trois petits reliquaires.

Une grande croix en vermeil avec son bâton d'argent, une grande lampe, deux grands chandeliers d'acolyte, un bénitier avec son goupillon, une statue de la Vierge et deux reliquaires en forme de bras; le tout pesant quatre-vingt-deux marcs sept onces, avait été adressé aux officiers municipaux de Rodez, pour le faire parvenir à l'Hôtel-des-Monnaies de Toulouse.

Décorations de l'église.

Un orgue à grands jeux. Rétable du sanctuaire d'un travail fini. Une statue de la Vierge et deux anges sonnant de la trompette, d'une forme élégante et d'un beau travail. Il y avait encore 23 statuettes placées aux chapelles, dont le travail était médiocre, d'après la description des tableaux, et autres ouvrages d'art, de Bonneval, faite le 10 février 1792, par Théodore Candieu, architecte et professeur de l'école de dessin à Rodez. Voici son jugement au sujet des tableaux :

« Neuf tableaux au sanctuaire ; celui du milieu représentant l'Assomption et les autres mystères de la Vierge. Ils paraissent-être de la même main et les couleurs en sont assez fraîches.

» Quatorze tableaux placés sur les piliers de la nef, représentant les Mystères du Rosaire ; très-médiocres et très-usés. Deux exécutés par Bourguignon, en 1666.

» Sur la porte de la sacristie, un grand tableau représentant la Vierge avec l'Enfant-Jésus ; à leurs pieds, des rois, des cardinaux, des moines, etc., assez bien peint.

» Aux chapelles : martyre de saint Etienne ; saint Bernard devant un Christ, sainte Catherine, la Vierge avec l'Enfant-Jésus, la Toussaint, saint Joseph, saint Côme et saint Da_mien, les uns d'un travail médiocre et les autres assez bien soignés.

» Enfin, un grand tableau représentant sainte Quittérie, sainte Catherine, saint Martin, sainte Appollonie, saint Remi, saint Laurent, une vierge et un ange, le tout d'un travail gothique et fort ancien.

Dans le monastère.

» Sur trois cheminées, un Christ, peinture assez bonne; le Sacrifice d'Abraham et le fils de Tobie, avec l'ange, au moment où il va saisir le poisson. Ces deux derniers exécutés, en 1648, par Lemaire. Travail assez passable.

Au réfectoire.

« *Six* tableaux de 8 pieds de hauteur sur 5 de largeur. *Deux*, de 13 pieds de largeur sur 8 de hauteur. A ces huit tableaux, cadres cintrés. *Un* de 5 pieds 1/2 de largeur sur 5 de hauteur.

» 1° La Sainte-Famille; très-moëlleux, les figures bien dessinées, belles attitudes, bon ton de couleur.

» 2° Jésus dans le désert, tenté par le Démon;

tableau bien dessiné ; les draperies en sont belles ainsi que le coloris.

» 3° Jésus, dans le désert, servi par les Anges; très-harmonieux, belle tête de Jésus.

» 4° La Samaritaine auprès du puits de Jacob; belle composition. Les figures en sont nobles, le dessin très-correct, le coloris vrai.

» 5° Jésus chez Lazare. Tableau d'une élégante composition; le coloris est très agréable et les attitudes bien variées.

» 6. Jésus à table avec les disciples d'Emaüs ; composition pleine d'esprit et de vérité ; belle couleur, beau dessin.

» 7° Jésus à table chez le Pharisien ; toutes les têtes sont pleines d'expression et les figures dans de belles attitudes. Un peu gâté par l'humidité.

» 8° La Cène. Ce tableau est d'une composition noble ; les positions des figures très-variées et naturelles. Le dessin en est correct.

» 9° Isaac donnant sa bénédiction à Jacob. Belle composition et pleine d'expression.

» Ces tableaux paraissent être faits de la même main et sont d'excellentes copies, d'après les meilleurs maîtres d'Italie.

» Les cadres en sont très-bien scuplités et méritent d'être conservés. »

Que sont devenus cadres et tableaux ?

» Sur la porte du réfectoire : un Christ dans le

genre noir, d'un assez beau dessin. Cadre cintré (1).

» Dans le réfectoire encore : une fontaine de marbre, en forme de niche, de 8 pieds de hauteur sur 4 de largeur, avec pilastres et bassin, le tout assez bien travaillé. La coquille qui forme la partie supérieure est un marbre rouge pâle; la niche, rouge gros Languedoc; les pilastres, marbre vert bordé de gris ; la tête ou mascaron qui jette l'eau par la bouche, en marbre blanc; la cuvette en gris ainsi que son support. »

Au clocher, trois cloches. Une quatrième à l'horloge. Deux autres hors de service furent vendues, en 1790, pour combler le déficit occasionné par les aumônes extraordinaires faites dans le courant de l'hyver 1789.

On a vu combien ces aumônes étaient abondantes. C'était payer avec générosité l'intérêt des landes ou terres incultes que nos religieux encêtres avaient données à Bonneval. La régularité avait bien pu être languissante dans le cœur des moines, mais la charité jamais. La révolution de 89 s'annonça grosse de tempêtes; cependant, loin de s'occuper à mettre à l'abri des douloureuses privations qui les attendaient, il ajoutèrent à leurs aumônes, non seulement pendant

(1) Il y avait encore dans le réfectoire un beau portrait de Louis XV. Il n'en est pas question dans le rapport.

l'hyver susdit, durant lequel tant d'infortunés eurent à souffrir la faim, mais encore durant la dernière année qu'ils habitèrent Bonneval. Mais ces aumônes passaient inaperçues. Qui pense à bénir la source limpide qui coule dans son village? Les bienfaits de tous les jours ne touchent le cœur de personne. Mais qu'elle vienne à tarir? Dans les ardeurs d'une soif brûlante, on la regrettera; on ira voir le lit où elle coulait si abondante et on n'y trouvera que des cailloux.

Il en fut ainsi de Bonneval. On ne l'apprécia que lorsqu'il ne fut plus. Le pauvre, qui parfois avait été insolent envers ses bienfaiteurs, repassa bien encore devant la porte qui naguère s'ouvrait à tous les malheureux, mais personne ne lui donna la *miche*. Alors un soupir s'échappa de son cœur, et quand il arriva à sa chaumière, voyant ses enfans qui réclamaient la *miche de Bonneval*, il leur répondit par ses larmes.

Le pauvre ne fut pas seul à honorer de ses regrets l'antique abbaye. De toutes les communes qui avoisinaient ce monastère, il s'éleva une voix pour publier ses bienfaits. Chacune voulut certifier les aumônes de Bonneval, dans la pensée peut-être que ce serait le moyen d'y faire rentrer ses premiers maîtres. Vœux inutiles! Bonneval fut vendu, le 29 mars 1791, par le district de Saint-Geniez, 41,000 francs, à M. Rouquayrol aîné, de Saint-Geniez. Peu de temps après, celui-ci le revendit encore, et parmi les trois ou quatre acquéreurs qui se succédèrent, il y en eût un qui exploita les édifices. Enfin, M. Guiral en fit l'acquisition, et aujourd'hui, quand on va visiter les ruines de Bonneval, on trouve auprès de sa respectable veuve politesse et urbanité charmantes. Cet accueil gracieux rappelle le souvenir des premiers maîtres de l'antique abbaye.

Parmi les municipalités qui plaidèrent la cause de Bonneval, on voit Espalion, Saint-Côme, Flaujac, Cayrol-Bonneval, Briounès, Anglars-Saint-Jean, Soulages, Bonneval, Curières, Montpeyroux-de-Murat, paroisse de St-Remi, etc.

« La maison de Bonneval, dit Saint-Côme, a
» continué de faire des aumônes tant à ceux qui
» allaient la chercher à la porte du monastère,
» qu'à ceux à qui elle donnait tant par semaine
» ou par mois, jusques vers la fin de l'année
» 1790. » Anglade, *maire*; Conquet, Bouscary, Cayla, *officiers municipaux*; Lacroix, Delestrade, Colomb, etc., *signés*. Ce dernier atteste:
« Qu'il a été payé par les religieux de Bonneval
» d'une somme de deux cent quarante livres,
» qui lui était due par un misérable particulier
» de leur terre, afin de le sauver des frais de
» justice. »

Cayrol-Bonneval détaille les aumônes annuelles de Bonneval ; Montpeyroux-de-Murat, après avoir rappelé la quotité de blé que la paroisse de Saint-Remi recevait, ajoute : « Que le
» cellérier du couvent a fait acheter de l'étoffe,
» pour une grosse somme, afin d'habiller les
» pauvres ; que les religieux ont fait, surtout
» dans les derniers temps, des aumônes consi-
» dérables à de pauvres honteux ; qu'ils ont fourni
» du pain, de la viande et du vin aux malades,
» et qu'un grand nombre d'individus de la pa-
» roisse, munis de certificats d'indigence, ont
» toujours été accueillis dans leurs demandes
» jusques à la sortie et dispersion desdits reli-
» gieux. » Espalion entre dans le même détail, et dit que *les religieux de Bonneval ont toujours agi ainsi depuis un temps immémorial.*

Tous les certificats sont datés du mois de février 1791. Bonneval n'avait plus d'habitans.

Ruines de Bonneval.

« Je n'ai rien vu d'aussi beau ni d'aussi imposant que les ruines de Bonneval, » me dit un touriste parisien en m'offrant un superbe croquis de cette antique abbaye. En effet, on ne peut les voir sans éprouver des sentimens de surprise, d'admiration, de douce mélancolie. Le grandiose des ruines le dispute au grandiose de la solitude, qui n'est troublée que par le bruissement des eaux de Boralde. A ce spectacle, l'âme est profondément émue, le cœur éprouve des regrets, il forme des vœux! Aussi, quand on a contemplé, une fois seulement, cette sombre teinte des forêts au milieu desquelles le moine cistercien a, de tout temps, aimé à cacher ses vertus et ses austérités, on comprend toute la sagesse des premiers statuts de Cîteaux, toujours en vigueur dans l'Ordre, qui prescrivent de bâtir les monastères *dans des lieux solitaires et éloignés des villes*; et lorsqu'on entre dans la vallée de Boralde, où gisent les ruines de Notre-Dame de Bonneval, on se rappelle le mot ingénieux sur les emplacemens préférés par les différens ordres religieux, personnifiés dans leurs fondateurs : « Benoît aime les collines, Bernard les vallées; François seul est indifférent : *Benedictus colles, Bernardus valles, Franciscus ubiquè*, » et dont le sens se trouve reproduit dans les vers suivans du célèbre archéologue allemand, Gaspard Bruschius, en 1550 :

> *Semper enim valles sylvestribus undiquè cinctas*
> *Arboribus, divus Bernhardus amœnaque prata*
> *Et fluvios : juga sed* Benedictus *amabat et arces*
> *Cœlo surgentes, è quarum vertice latè*
> *Prospectus petitur. Secessum plebis uterque*. . . . . . . (1)

(1) Gasp. Bruschii chronol. monasteriorum Germaniæ illustrium, p 372.

Voilà pourquoi les monastères de l'ordre de Cîteaux ont toujours été et doivent toujours être situés dans des vallées, ou au moins dans des plaines bien arrosées. Les placer ailleurs ce serait fouler aux pieds tout respect pour la tradition, la sainte antiquité, l'esprit monastique et le bon sens ; ce serait une création marquée du sceau d'une profane nouveauté, et qui serait probablement aussi éphémère que les autres nouveautés de notre temps (2).

Tout enchante dans le chemin qui conduit à Bonneval. Le château de Masse, en forme de tour carrée, crénelée et flanquée de quatre tourelles rondes en encorbellement, donne d'abord une idée des longues fatigues des moines à construire ce bel édifice, à défricher les terres qui l'environnent, à planter son beau vignoble. Primitivement, c'était la résidence d'un certain nombre de religieux. Il est dit dans un acte du XIVe siècle : « Le cellérier donnera non seu-
» lement aux moines du monastère, mais encore
» à ceux qui sont à Masse, chaque année, une
» tunique, une paire de souliers et deux paires
» de bas, chaque deux ans, un scapulaire, et de
» trois ans en trois ans, aux religieux de chœur,
» une cucule ou coule, et, aux frères convers,
» une cape : *una cappa*. »

(2) M. de Montalembert. — Voir la Note A.

Les frères-lais ou convers furent d'abord appelés les *barbus*, parce que, n'étant pas destinés à la cléricature, ils portaient la barbe longue. Leur costume — robe, scapulaire et cape — était de couleur tannée. Il y eut à Bonneval des frères convers jusques vers la fin du XVIIe siècle. Le *bienheureux* Albéric, deuxième abbé de Cîteaux, les avait admis dans l'ordre, non pour exempter du travail les religieux de chœur, mais pour leur donner le temps d'entremêler au travail prescrit par le législateur le chant régulier de l'Office.

Cependant, en s'avançant vers les ruines de Bonneval, on est frappé à la vue du climat et de la culture des terres. « La vallée de Boralde et
» son vaste côteau forment, dans la direction du
» nord au midi, comme deux zones distinctes
» et séparées par un grand chemin de commu-
» nication. La partie supérieure, moins escarpée,
» moins rocheuse et peu éloignée de la route
» d'Espalion à Saint-Flour, présente une super-
» ficie de terrain assez étendue, très-propre à la
» culture des céréales, sans excepter même le
» froment. Dans la partie basse, et plus rap-
» prochée de la petite rivière de Boralde, on
» trouve des prairies et des arbres fruitiers de
» toute espèce (1). »

(1) *Bulletin d'Espalion*, samedi, 4 mai 1850.

Enfin, les ruines apparaissent....! Elles couronnent une butte ou plate-forme d'environ quatre cents pieds de long, unie, d'un côté, à la montagne, coupée, de l'autre, par un escarpement à peu près vertical, au dessus du ruisseau qu'elle domine à une assez grande élévation.

L'enceinte est formée de hautes et fortes murailles, garnies de tours tout le long du terreplein, disposées en terrassement du côté abrupte. Tous ces murs sont couverts de jets vigoureux de lierre, qui semblent faire corps avec la pierre, tant leurs racines ont pénétré dans les joints de la maçonnerie.

Un gros châtaignier-maron ombrage une petite croix et la grande entrée du monastère qui regarde le sud. Deux pavillons, encore debout, s'élèvent à chaque côté du portail et communiquent entr'eux par une terrasse. Au-dessus du portail est une niche avec une statue de pierre, qui représente la Vierge portant l'Enfant-Jésus. Du portail on pénètre dans une cour assez vaste, bordée à gauche par les communs — granges, écuries, magasins et autres bâtimens en très-bon état, capables de loger quarante à cinquante personnes. Cette ligne de bâtimens, dont une partie porte le millésime de 1734, servent à l'exploitation du domaine de Bonneval, composé de prés, de terres labourables, bois, châtaigneraies, jardins, pâtus, etc.

Puis, vient la façade du monastère, flanquée à ses extrémités de deux pavillons, à quatre étages chacun, et percée d'une superbe porte romane. Dans les voussures de cette porte, deux niches — une de chaque côté — autrefois avec statues de saint Benoît et de saint Bernard, aujourd'hui avec ruches à miel. Ainsi, au milieu de ces ruines, retrouve-t-on une image de la vie active du moine de Cîteaux. Dans le phalanstère de ce peuple ailé, comme dans le phalanstère cistercien, tout obéit, tout travaille; il n'y a qu'un cœur et qu'une âme. Au-dessus de l'arcade, balcon avec porte surmontée d'une niche avec statue de la Vierge, le tout couronné d'un dôme (2). A chaque pavillon latéral, huit fenêtres, et à chaque compartiment de la façade du monastère, à partir des pavillons jusqu'à la porte romane et à celle du balcon, deux rangées de neuf fenêtres, en tout *cinquante-deux*.

De la porte romane on parvenait, par un couloir, à l'aîle droite du cloître qui aboutissait au bras (sud) du transsept de l'église, où se trouvait la porte d'entrée pour les moines. Ce beau cloître, construction du XIIe siècle, n'existe plus. On voit çà et là des tronçons de ses colonnettes monolithes, de leurs chapiteaux nattés ou

---

2) Visite des ruines de Bonneval, en 1844.

à feuilles de vigne. Comme lui, les tombeaux du comte Henri II, des seigneurs de Calmont ont disparu, et on chercherait vainement la place qu'ils occupaient. Au milieu du cloître, un magnifique jet d'eau retombait en perles cristallines dans un bassin richement sculpté.

A partir du pavillon sud-est, un corps de bâtimens formait une seconde ligne parallèle, terminée par un autre pavillon. Dans cette seconde ligne se trouvait le noviciat et sa chapelle.

L'église, dont la voûte tient encore, quoique exposée depuis plus de cinquante ans à toutes les intempéries de l'air, était la partie la mieux soignée de l'édifice. Elle est recouverte d'une foule de plantes, d'arbustes et même d'arbres, qui lui donnent l'espect d'un bois taillis.

Les caractères de son architecture accusent le style roman tertiaire. Elle a cinquante-cinq mètres de long sur huit de large, en œuvre, y compris les bas-côtés. D'après l'usage de Cîteaux, sa forme est une croix latine, et son chevet est composé de cinq absides, dont les quatre lattérales avec voûte à cul-de-four et baies romanes. Derrière la deuxième abside (du côté de l'épitre), la sacristie, éclairée par cinq fenêtres à plein cintre.

L'abside principale, c'est-à dire celle du

milieu, avait été reconstruite vers le commencement du XVe siècle. Elle est à cinq pans, chacun avec une longue et étroite fenêtre, deux romanes et trois ogivales. Chaque pan est séparé par des nervures, simulant des colonettes très-maigres, avec une feuille frisée pour chapiteau, et, de cette feuille, se profilant sur la voûte qu'elles divisent en tout autant d'arêtes, pour aller se réunir à la clef.

Au haut de l'arcade qui sépare l'abside du presbytère, écusson, portant : *un coq, à un chef chargé de trois étoiles, surmonté d'une crosse et d'une mître*, ce qui m'a porté à croire que cette construction avait eu lieu sous l'abbatiat de Jean Géraud, à qui le pape Martin V avait accordé, en 1424, le privilége de porter la mître. Ainsi qu'il a été déjà rapporté, on voit ces mêmes armes peintes sur les murs de la chambre de l'*abbé*, au château de Galinières.

Transsept avec voûte sphérique, ainsi que celle du presbytère. Bras du sud avec rosace et porte donnant sur l'aile droite du cloître ; bras du nord avec large fenêtre de la même époque que l'abside principale.

Seize piliers carrés et massifs, espacés tout autour du vaisseau, reçoivent, d'un côté, sur de légères colonnettes adhérentes à l'une de leurs faces, les nervures larges et épaisses de la grande voûte, et, d'autre part, sur des colonnes à chapiteaux bysantins, les arcades des bas-côtés.

La porte, trop petite relativement aux grandes proportions de l'édifice, se trouve au fond de l'église, en face de l'autel. On y voit l'écusson de Jean Aymard Frayssinous, dernier abbé régulier de Bonneval, avec le millésime 1664. Par-dessus, une grande fenêtre.

C'était par cette porte que les étrangers entraient dans l'église. Il leur était défendu de pénétrer dans le chœur pendant qu'on chantait les offices.

Le clocher, placé sur le milieu du transsept, avait été construit après l'incendie de 1719. C'était une tour carrée, percée de huit arcades à plein cintre, avec un toit octogone, plombé au centre, déprimé vers le haut et surmonté de deux lanternes du même genre, posées l'une sur l'autre.

Sur la façade méridionale, près du couronnement, écusson écartelé : *aux 1 et 4, quatre billettes*; *au 2, une rose tigée*; *au 3, une figure dégradée*, annonçant *un lion rampant* (1).

Le système de maçonnerie de l'église, de la tour, des pavillons et des portes, est en pierre calcaire de moyen appareil.

La plus grande partie des bâtimens conven-

(1) Visite des ruines de Bonneval, en 1844 et 1846.

tuels est abattue. Ce qui reste de cette belle abbaye tombe en ruines.

Note A.

Paris 1er juillet 1850.

Monsieur le Curé,

. . . .
Les monastères de l'ordre de Cîteaux ont toujours été et doivent toujours être situés dans des vallées ou au moins dans des plaines bien arrosées. C'est en quelque sorte un axiôme de la tradition monastique, ainsi que le constate le distique si connu sur les emplacemens préférés par les différens ordres religieux, personnifiés dans leurs fondateurs : distique que je ne puis retrouver en ce moment, mais dont le sens est pareillement reproduit dans les vers suivans du célèbre archéologue allemand Gaspard Bruschius, en 1550 :

Semper enim valles sylvestribus undique cinctas
Arboribus, divus, Bernhardus amœnaque prata
Et fluvios : juga sed Benedictus amabat et arces
Cœlo surgentes, è quarum vertice latè
Prospectus petitur. Secessum plebis uterque. . . . . . (1)

J'ai visité environ 80 ou 90 anciennes abbayes cisterciennes, en France, en Belgique, en Angleterre, en Italie, en Espagne, et je ne crois pas avoir rencontré plus *d'un* ou *deux* exemples d'un emplacement différent de celui que l'usage immémorial et universel de l'ordre de Cîteaux assignait à ses monastères. Encore ces exemples ne m'ont été offerts que dans un pays bien différent du vôtre, c'est-à-dire en Savoie, où les lacs, l'abondance des forêts et la fraîcheur

(1) *Gasp. Bruschii chronol. monast. Germaniæ illustrium*, p. 372.

perpétuelle des plateaux, dominés par les Alpes, offraient une compensation suffisante aux avantages des situations moins élevées.

Il serait donc absurde de choisir un site élevé ou brûlé par le soleil pour y établir une abbaye nouvelle, même dans un pays dépourvu de tout monument monastique. Mais préférer un site pareil, qu'aucun souvenir ne recommande, aux restes sacrés de deux anciens monastères du même ordre, tel que Bonneval et Nonenque, c'est vraiment fouler aux pieds tout respect pour la tradition, la sainte antiquité, l'esprit monastique et le bon sens! Hélas! le clergé, même régulier, n'a donné depuis un siècle que trop d'exemples de ce mépris pour le passé, qui est le signe infaillible de la décadence du présent. Mais aujourd'hui, que le signal de la renaissance du *vrai* dans l'art, dans l'histoire, dans la discipline et dans la liturgie a été donné avec tant d'énergie et accueilli avec tant de sympathie, il serait vraiment inexcusable d'abandonner Bonneval et Nonenque pour une création marquée du sceau d'une profane nouveauté et qui serait probablement aussi éphémère que les autres nouveautés de notre temps.

Je fais donc les vœux les plus ardents, Monsieur le Curé, pour que vos efforts soient couronnés du succès qu'ils méritent. J'ai lu avec un vif intérêt vos Notices *sur Silvanès*, etc., dans *l'Echo de la Dourbie*, que vous avez eu la bonté de m'envoyer. Au milieu des orages et des ennuis de ma vie parlementaire, je retrouve avec un inexprimable bonheur tout ce qui me rappelle ces études monastiques qui ont rempli tant d'années de ma vie, et dont la reprise est l'objet de mon unique ambition. Continuez, monsieur le curé, la tâche que vous avez si noblement commencée, et veuillez bien conserver devant Dieu un souvenir pieux à celui qui a l'honneur d'être votre très-humble et très-obéissant serviteur.

Ch. de MONTALEMBERT.

Paris 7 août 1850.

Monsieur le Curé,

Je vous autorise pleinement à faire de ma lettre l'usage que vous voudrez..............................
....

Je me félicite surtout d'apprendre que Monseigneur de Rodez honore cette sainte entreprise de son approbation et de sa sympathie.

Il se montre ainsi le digne successeur de ces vénérables évêques des anciens jours, qui ont tant fait pour propager et consolider l'ordre monastique. Puisse Dieu couronner de succès ses paternelles sollicitudes et vos généreux efforts.

J'espère que Bonneval et Nonenque seront l'une et l'autre rendues, avec le temps, à leur sainte et primitive destination.

Je lis avec un intérêt toujours soutenu vos excellentes notes sur Bonneval, grâce à vous, les abbayes du Rouergue renaissent dans l'histoire, en attendant que nous les voyons renaître dans la réalité présente.

Agréez, Monsieur le Curé, avec mes remercîmens, l'assurance de ma respectueuse considération.

CH. DE MONTALEMBERT.

Notre-Dame du Port-du-Salut, 5 août 1850.

« . . . .

Tout ce que j'ai vu d'anciens monastères de notre ordre est dans une entière solitude, isolée de trois ou quatre lieues de toute habitation. Tel est l'esprit de nos Saints Pères qui ont eu là-dessus une vue uniforme. Ce n'est que dans notre malheureux *siècle à la vapeur* qu'on trouve un monastère convenablement situé, quand une route ou un chemin de fer (celui-ci n'est pas à craindre pour l'Aveyron) passe à sa porte. Nos anciennes Constitutions du *Moyen-Age* ne sont pas en harmonie avec le progrès du jour ; les premières sont ma règle........

FR. FRANÇOIS D'ASSISE, *Abbé du Port-du-Salut*

Aiguebelle, 22 juillet 1850.

. . . .
. . . .

Comme vous me le dites fort bien, l'ordre de Cîteaux choisit les vallées et une parfaite solitude autant que possible. Je tiens à ce saint usage de nos Pères...............

ORSISE, *Abbé d'Aiguebelle.*

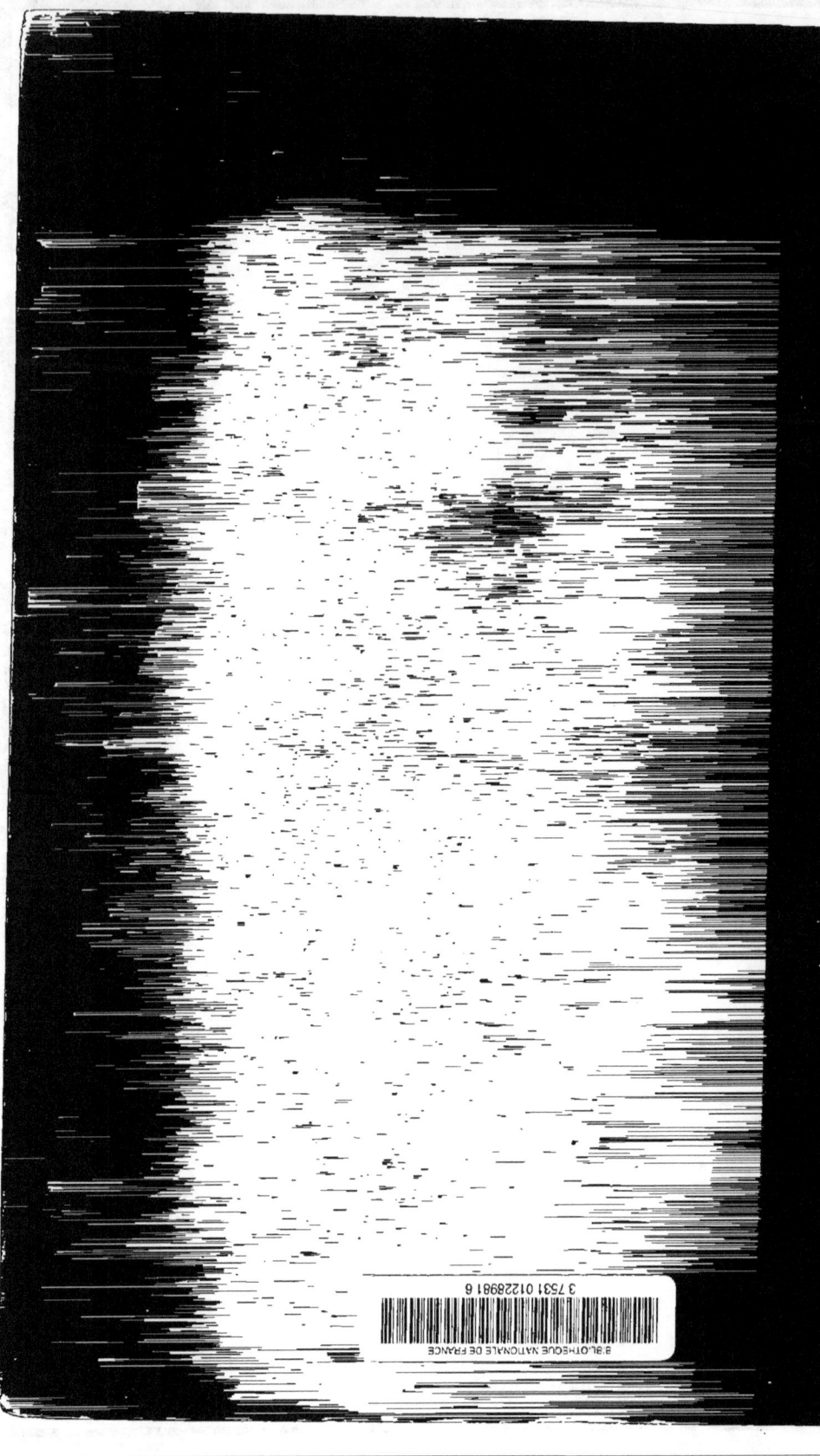